星ひとみの天星術
2024

太陽グループ

朝日

RISING SUN

Star Eyes

HITOMI HOSHI

Happy Message

楽しいこと
ワクワクすることが大好き
無邪気な波動

“朝日”

自由に
そして繊細に

心のどこかでは
自信がなく
常に不安と闘ってしまう

頭で考えすぎてしまい
すべてが嫌になり
一歩踏み出すこともできなくなる

周りと比べて
どうして自分だけ
そう感じてしまうこともある

朝日はただ一人あなたを照らし

自分を守るエネルギー
自分を愛すエネルギーを秘めている

ちゃんと自分を受け入れて
弱い部分も認めてあげて

あなたはあなたを愛している
無理はしないように

過去の自分に"ありがとう"
今の自分に信頼を
未来に光を描いたならば

人生に種を蒔き
蕾《つぼみ》になり
花が咲くように

また新たな旅が始まります

怖がらなくても
"大丈夫"

もう少し
心から今を楽しんでみて

PROLOGUE

★ はじめに ★

皆様こんにちは、星ひとみです。

『星ひとみの天星術2024』を手にしていただき
またお会いできたことをうれしく思います。

この時代に皆様と出会い
天星術を通じ、つながることができた今に
心から感謝いたします。

この1年があっという間に過ぎたように感じた方も
逆に長かったなと感じた方もいるでしょう。

人生を満喫するために、生きるために。

笑ったり、怒ったり
挑戦したり、悩んだり。

なぜ自分だけがこのような目に遭うのかと
ときに苦しみ、前に進めなかった人も――。

心、生き方、歩む道のり。
人生に決めつけはなく
災いは回避し
苦しみは手放すことができる――。
私はそう信じています。
そして
あなたを照らす“光”はちゃんとある。

昨年に続き今年も、少しでも皆様の支えとなれるように
長い時間をかけて仕上げさせていただきました。

私のオリジナル鑑定法の「天星術」にも
生命の“光”が宿り
毎年少しずつ、ゆっくりと成長し、時代に合わせ、
私たちと一緒に動いています。

自分はダメだと決めつける必要はなく、
“影”や“リセット”の月でも、怖がる必要はありません。

自分の運命、
自分のリズム。

そして“光と影”。

あなたの今がどんな流れ《リズム》なのかを読みとり
一緒に進んでいきましょう。
私たちは生まれた瞬間に、星と光のエネルギーを受けて
それぞれの流れ《リズム》を授かります。

エネルギーは、月、地球、太陽の3つの天室に分かれ
「天星術」では、1つの天室を、さらに4つの天星に分けて見ています。

月グループは、満月、上弦の月、下弦の月、新月。
地球グループは、空、山脈、大陸、海。
太陽グループは、朝日、真昼、夕焼け、深夜。

PROLOGUE

天星には、それぞれナンバーがあり、あなたの星を知ることができます。
また、あなたの生まれた年で、運気が「赤」と「白」に分かれ、
2024年は、さらに深く運気を知ることができます。

中身を少し具体的に紹介しますと、
まずは、あなたの性格についての最新版トリセツ。
開運キーワード、12天星別の相性をお伝えするページから始まります。

次に、1年間という大きな視点で捉えた、2024年の運気や、
グラフで示した運気バイオリズム、
月ごとの開運メッセージと開運行動、天星ナンバー別の「赤」と「白」に分かれたお言葉、
さらに運気を、1日1日という点で捉えた毎日のメッセージがあります。

特に、全部で12ある天星をさらに細かく見て、
今年、今月のあなたがどんなリズムをもっているのか、
皆様の天星ナンバーの「赤」と「白」別に占っておりますので、
【2024年 天星ナンバー別の運気】【天星ナンバー別 今月のお言葉】に、
注目してみてください。

このように、あらゆる角度から運気を読むことで、
「今がどんな時期か――光なのか影なのか」「どんなことをすると幸せを感じられるか」
また「どんなことに気をつけたら不運を回避できるか」を分析することができます。

どこを読んでも、人生の“今”のヒントとなる言葉に出会えますように。

後半ページでは、「他の天星のプロフィール」も載せています。
自分を知り、相手を理解できたとき、素晴らしい関係となれるように
家族、お友達、仕事仲間、そして気になる人との付き合い方の参考にしてください。
まずは難しく考えず、肩の力を抜いてみましょう。

誰もが幸せになるチャンスがあります。
決して諦めなくていい。

あなたが幸せになるための
“キッカケ”となれたなら幸いです。

12天星別『星ひとみの天星術2024』
今日からあなたのお守りに。

皆様の1年が幸運の光につつまれますように。

自分を知り
今のリズムを知る
あなたの心に光を

天のエネルギー
星のエネルギーを“贈り”ます。

“あなたは大丈夫”

星ひとみ

CONTENTS

ASTROLOGY
天星術について

★ ★ ★

「天星術」は、中国に古くから伝わる東洋占星術をベースに、
さまざまな統計学や人間科学、心理的要素などを取り入れて作り上げた、
星ひとみによるオリジナル鑑定方法です。
時代とともに変化する“今”に合わせ、
進化させるべく研究を続けてきました。
生まれた日のエネルギーが、
月、地球、太陽のどのエネルギーの影響を受けているのか。
みなさんのエネルギーは、3つの天室に分かれ、
さらに4つの時星に導かれ、12の天星タイプとなっていきます。
「天星術」で読み解いていくことで、
過去にどんなことがあったのか、現在はどんな状況か、
そして未来がどうなっていくのかがわかります。
ただし大切なのは、**「天星術」は決して決めつけではない占術**である、ということ。
道がないことがわかれば、創ればいい。
壁にぶつかってしまうとわかれば、回避すればいい。
また、「天星術」は光と影、そのどちらも内包するもの。
光として出たのか、影として出たのか、
それを読みとれれば、自ら変えていくことができます。
失敗と感じても、
それは**未来に訪れる成功のために必要な失敗だった**、ということも。

未来をよりよくするために、占いをどう捉えて、どう動くのか。
あなたの心のもち方によって好転させることができる、
それが「天星術」です。

・天星術・
GROUP

月グループ

- 満月
- 上弦の月
- 下弦の月
- 新月

地球グループ

- 空
- 山脈
- 大陸
- 海

太陽グループ

- 朝日
- 真昼
- 夕焼け
- 深夜

HOW TO

あなたの天星の見つけかた

★★★

1
P.015から始まる **生年月表** を見て、
あなたの生まれた年と月が交わる数字を
探してください。

↓

2
その数字に、生まれた日の数字を足してください。
その数字があなたの **天星ナンバー** です。
※合計した数字が61以上になる場合は、その数字から60を引いたものが
天星ナンバーになります。

↓

3
P.014の **天星ナンバー対応表** を参照して、
天星を見つけてください。

↓

4
生まれ年(西暦)の下ひとけたが
偶数か奇数かを見て、赤か白かを確認します。

例
1995年4月20日生まれの場合
[生年月表]で1995年と4月が交わる数字は「58」。
「58」に生まれた日の「20」を足して「78」。
61以上になるので、60を引くと「18」。
[天星ナンバー対応表]を参照すると、「18」の天星は「夕焼け」。
生まれ年(西暦)の下ひとけたが奇数なので、「白」。

こちらでも！

CHECK!
あなたの天星は？

★ ★ ★

LINK

1

生まれた年 ＿＿＿＿＿＿ 年と

生まれた月 ＿＿＿＿＿＿ 月が

生年月表 で交わる数字

LINK

2

❶で出した数字 ＋ 生まれた日の数字 ＝ **天星ナンバー**

61以上の場合は、60を引いて

LINK

3

天星ナンバー対応表 によると

あなたの天星は（　　）の☆

例えば 「夕焼け」 の 「18」

LINK

4

生まれ年の下ひとけたが

偶数 ···> 赤

奇数 ···> 白

あなたは（　　）の☆の⬡です。

例えば 「夕焼け」 の 「18」 の 「白」

★ 天星ナンバー対応表 ★

天星ナンバーも覚えておこう!

グループ	天星	天星ナンバー
月グループ MOON	満月	4 10 33 39 45
	上弦の月	11 17 32 38
	下弦の月	2 3 8 41 47
	新月	14 20 23 26 29 36
地球グループ EARTH	空	6 43 49 54 55 60
	山脈	9 15 16 34 40 46
	大陸	1 5 50 53 56 59
	海	51 52 57 58
太陽グループ SUN	朝日	21 22 27 28
	真昼	7 42 44 48
	夕焼け	12 18 31 37
	深夜	13 19 24 25 30 35

★ 生年月表 ★

生まれ年	和暦	干支	1月	2月	3月	4月	5月	6月	7月	8月	9月	10月	11月	12月
1920	T9	申	54	25	54	25	55	26	56	27	58	28	59	29
1921	T10	酉	0	31	59	30	0	31	1	32	3	33	4	34
1922	T11	戌	5	36	4	35	5	36	6	37	8	38	9	39
1923	T12	亥	10	41	9	40	10	41	11	42	13	43	14	44
1924	T13	子	15	46	15	46	16	47	17	48	19	49	20	50
1925	T14	丑	21	52	20	51	21	52	22	53	24	54	25	55
1926	T15/S1	寅	26	57	25	56	26	57	27	58	29	59	30	0
1927	S2	卯	31	2	30	1	31	2	32	3	34	4	35	5

★ 生年月表 ★

生まれ年	和暦	干支	1月	2月	3月	4月	5月	6月	7月	8月	9月	10月	11月	12月
1928	S3	辰	36	7	36	7	37	8	38	9	40	10	41	11
1929	S4	巳	42	13	41	12	42	13	43	14	45	15	46	16
1930	S5	午	47	18	46	17	47	18	48	19	50	20	51	21
1931	S6	未	52	23	51	22	52	23	53	24	55	25	56	26
1932	S7	申	57	28	57	28	58	29	59	30	1	31	2	32
1933	S8	酉	3	34	2	33	3	34	4	35	6	36	7	37
1934	S9	戌	8	39	7	38	8	39	9	40	11	41	12	42
1935	S10	亥	13	44	12	43	13	44	14	45	16	46	17	47
1936	S11	子	18	49	18	49	19	50	20	51	22	52	23	53
1937	S12	丑	24	55	23	54	24	55	25	56	27	57	28	58

★ 生年月表 ★

生まれ年	和暦	干支	1月	2月	3月	4月	5月	6月	7月	8月	9月	10月	11月	12月
1938	S13	寅	29	0	28	59	29	0	30	1	32	2	33	3
1939	S14	卯	34	5	33	4	34	5	35	6	37	7	38	8
1940	S15	辰	39	10	39	10	40	11	41	12	43	13	44	14
1941	S16	巳	45	16	44	15	45	16	46	17	48	18	49	19
1942	S17	午	50	21	49	20	50	21	51	22	53	23	54	24
1943	S18	未	55	26	54	25	55	26	56	27	58	28	59	29
1944	S19	申	0	31	0	31	1	32	2	33	4	34	5	35
1945	S20	酉	6	37	5	36	6	37	7	38	9	39	10	40
1946	S21	戌	11	42	10	41	11	42	12	43	14	44	15	45
1947	S22	亥	16	47	15	46	16	47	17	48	19	49	20	50

★ 生年月表 ★

生まれ年	和暦	干支	1月	2月	3月	4月	5月	6月	7月	8月	9月	10月	11月	12月
1948	S23	子	21	52	21	52	22	53	23	54	25	55	26	56
1949	S24	丑	27	58	26	57	27	58	28	59	30	0	31	1
1950	S25	寅	32	3	31	2	32	3	33	4	35	5	36	6
1951	S26	卯	37	8	36	7	37	8	38	9	40	10	41	11
1952	S27	辰	42	13	42	13	43	14	44	15	46	16	47	17
1953	S28	巳	48	19	47	18	48	19	49	20	51	21	52	22
1954	S29	午	53	24	52	23	53	24	54	25	56	26	57	27
1955	S30	未	58	29	57	28	58	29	59	30	1	31	2	32
1956	S31	申	3	34	3	34	4	35	5	36	7	37	8	38
1957	S32	酉	9	40	8	39	9	40	10	41	12	42	13	43

★ 生年月表 ★

生まれ年	和暦	干支	1月	2月	3月	4月	5月	6月	7月	8月	9月	10月	11月	12月
1958	S33	戌	14	45	13	44	14	45	15	46	17	47	18	48
1959	S34	亥	19	50	18	49	19	50	20	51	22	52	23	53
1960	S35	子	24	55	24	55	25	56	26	57	28	58	29	59
1961	S36	丑	30	1	29	0	30	1	31	2	33	3	34	4
1962	S37	寅	35	6	34	5	35	6	36	7	38	8	39	9
1963	S38	卯	40	11	39	10	40	11	41	12	43	13	44	14
1964	S39	辰	45	16	45	16	46	17	47	18	49	19	50	20
1965	S40	巳	51	22	50	21	51	22	52	23	54	24	55	25
1966	S41	午	56	27	55	26	56	27	57	28	59	29	0	30
1967	S42	未	1	32	0	31	1	32	2	33	4	34	5	35

★ 生年月表 ★

生まれ年	和暦	干支	1月	2月	3月	4月	5月	6月	7月	8月	9月	10月	11月	12月
1968	S43	申	6	37	6	37	7	38	8	39	10	40	11	41
1969	S44	酉	12	43	11	42	12	43	13	44	15	45	16	46
1970	S45	戌	17	48	16	47	17	48	18	49	20	50	21	51
1971	S46	亥	22	53	21	52	22	53	23	54	25	55	26	56
1972	S47	子	27	58	27	58	28	59	29	0	31	1	32	2
1973	S48	丑	33	4	32	3	33	4	34	5	36	6	37	7
1974	S49	寅	38	9	37	8	38	9	39	10	41	11	42	12
1975	S50	卯	43	14	42	13	43	14	44	15	46	16	47	17
1976	S51	辰	48	19	48	19	49	20	50	21	52	22	53	23
1977	S52	巳	54	25	53	24	54	25	55	26	57	27	58	28

★ 生年月表 ★

生まれ年	和暦	干支	1月	2月	3月	4月	5月	6月	7月	8月	9月	10月	11月	12月
1978	S53	午	59	30	58	29	59	30	0	31	2	32	3	33
1979	S54	未	4	35	3	34	4	35	5	36	7	37	8	38
1980	S55	申	9	40	9	40	10	41	11	42	13	43	14	44
1981	S56	酉	15	46	14	45	15	46	16	47	18	48	19	49
1982	S57	戌	20	51	19	50	20	51	21	52	23	53	24	54
1983	S58	亥	25	56	24	55	25	56	26	57	28	58	29	59
1984	S59	子	30	1	30	1	31	2	32	3	34	4	35	5
1985	S60	丑	36	7	35	6	36	7	37	8	39	9	40	10
1986	S61	寅	41	12	40	11	41	12	42	13	44	14	45	15
1987	S62	卯	46	17	45	16	46	17	47	18	49	19	50	20

★ 生年月表 ★

生まれ年	和暦	干支	1月	2月	3月	4月	5月	6月	7月	8月	9月	10月	11月	12月
1988	S63	辰	51	22	51	22	52	23	53	24	55	25	56	26
1989	S64/H1	巳	57	28	56	27	57	28	58	29	0	30	1	31
1990	H2	午	2	33	1	32	2	33	3	34	5	35	6	36
1991	H3	未	7	38	6	37	7	38	8	39	10	40	11	41
1992	H4	申	12	43	12	43	13	44	14	45	16	46	17	47
1993	H5	酉	18	49	17	48	18	49	19	50	21	51	22	52
1994	H6	戌	23	54	22	53	23	54	24	55	26	56	27	57
1995	H7	亥	28	59	27	58	28	59	29	0	31	1	32	2
1996	H8	子	33	4	33	4	34	5	35	6	37	7	38	8
1997	H9	丑	39	10	38	9	39	10	40	11	42	12	43	13

★ 生年月表 ★

生まれ年	和暦	干支	1月	2月	3月	4月	5月	6月	7月	8月	9月	10月	11月	12月
1998	H10	寅	44	15	43	14	44	15	45	16	47	17	48	18
1999	H11	卯	49	20	48	19	49	20	50	21	52	22	53	23
2000	H12	辰	54	25	54	25	55	26	56	27	58	28	59	29
2001	H13	巳	0	31	59	30	0	31	1	32	3	33	4	34
2002	H14	午	5	36	4	35	5	36	6	37	8	38	9	39
2003	H15	未	10	41	9	40	10	41	11	42	13	43	14	44
2004	H16	申	15	46	15	46	16	47	17	48	19	49	20	50
2005	H17	酉	21	52	20	51	21	52	22	53	24	54	25	55
2006	H18	戌	26	57	25	56	26	57	27	58	29	59	30	0
2007	H19	亥	31	2	30	1	31	2	32	3	34	4	35	5

★ 生年月表 ★

生まれ年	和暦	干支	1月	2月	3月	4月	5月	6月	7月	8月	9月	10月	11月	12月
2008	H20	子	36	7	36	7	37	8	38	9	40	10	41	11
2009	H21	丑	42	13	41	12	42	13	43	14	45	15	46	16
2010	H22	寅	47	18	46	17	47	18	48	19	50	20	51	21
2011	H23	卯	52	23	51	22	52	23	53	24	55	25	56	26
2012	H24	辰	57	28	57	28	58	29	59	30	1	31	2	32
2013	H25	巳	3	34	2	33	3	34	4	35	6	36	7	37
2014	H26	午	8	39	7	38	8	39	9	40	11	41	12	42
2015	H27	未	13	44	12	43	13	44	14	45	16	46	17	47
2016	H28	申	18	49	18	49	19	50	20	51	22	52	23	53
2017	H29	酉	24	55	23	54	24	55	25	56	27	57	28	58

★ 生年月表 ★

生まれ年	和暦	干支	1月	2月	3月	4月	5月	6月	7月	8月	9月	10月	11月	12月
2018	H30	戌	29	0	28	59	29	0	30	1	32	2	33	3
2019	H31/R1	亥	34	5	33	4	34	5	35	6	37	7	38	8
2020	R2	子	39	10	39	10	40	11	41	12	43	13	44	14
2021	R3	丑	45	16	44	15	45	16	46	17	48	18	49	19
2022	R4	寅	50	21	49	20	50	21	51	22	53	23	54	24
2023	R5	卯	55	26	54	25	55	26	56	27	58	28	59	29
2024	R6	辰	0	31	0	31	1	32	2	33	4	34	5	35

RISING SUN

朝日

プロフィール

あなたの性格に迫るとともに、
2024年の運気や開運色、
相性などもお伝えします。

Rising Sun
Profile

LIGHT

- □ 好きなことをマイペースに楽しむ
- □ テンションにムラのある気分屋
- □ 周囲から吸収して成長できる
- □ 無邪気で人見知り

決断する月、努力が報われる月、吉凶混ざり引きが強い月にこの傾向が表れます

朝日の 光と影

各天星タイプには、もともともっている性質があります。普段、表に出ているのが「光」の性質です。ただ、運気バイオリズムが崩れると「影」の性質が出てきます。

SHADOW

- □ ときにずる賢く自己愛が強めに
- □ 手柄は独り占めしたい見栄っぱり
- □ 大人のふりをして中身は子ども
- □ 機嫌が悪くなると無意識に周囲を振り回す

運気が低迷する月、八方塞がりになりやすい月、リセットの月にこの傾向が表れます

運気バイオリズム（P.034）が（光）と（影）のときに、上記のような性質がそれぞれ出てきます。

朝日

自由気ままな気分屋さん

基本性格

マイペースで冒険心旺盛、楽しいことが大好き。実は人見知りですが、趣味やノリが同じ人とはすぐに仲よくなれます。根は無邪気で、意外に単純。枠にはまらず自由に生きたいという願望も。飽きっぽいですが、気分がのれば驚くほどの行動力を発揮し、周りを驚かせることもあります。

朝日のトリセツ

⬆好きなこと・喜ぶこと

- 自由な自分の時間
- 好きなことをやれる環境
- 優位に立てる状況
- 尊敬されること
- ゲームや漫画タイム
- 趣味やノリが同じこと

⬇嫌がること・ストレスになること

- 強制されること
- ルールを無視する人
- 細かい指示や確認作業
- 自分の時間を邪魔する人
- 比べられたりバカにされる
- 逃げ場がないこと

2024年の開運のカギ

やるといいこと	スマホより目の前の相手を大切に
気をつけるべきこと	ケガ。損得勘定で物事を決めない

2024年の開運相性

恋愛運
を
上げる天星

朝日
×
山脈

仕事運
を
のばす天星

朝日
×
空

金運
を
のばす天星

朝日
×
新月

基本の
開運色
蛍光色

2024年の
開運色
ゴールド

2024年の
開運アイテム
帽子

2024年の
開運スポット
歴史を
感じる場所

天星タイプ別 基本の相性

朝日 × 満月	★★☆☆☆	朝日 × 大陸	★★★★★
朝日 × 上弦の月	★★★★☆	朝日 × 海	★★★☆☆
朝日 × 下弦の月	★☆☆☆☆	朝日 × 朝日	★★★★☆
朝日 × 新月	★★★★☆	朝日 × 真昼	★★★★☆
朝日 × 空	★☆☆☆☆	朝日 × 夕焼け	★★☆☆☆
朝日 × 山脈	★★★★☆	朝日 × 深夜	★★☆☆☆

天星ナンバー
21

直感のまま行動する自由なチャレンジャー

チャレンジ精神が旺盛で、楽しいことが好き。スイッチが入ると圧倒的な集中力を発揮する反面、持久力がなく、飽きっぽい一面もあります。無邪気で、思ったことをそのまま口に出すので、わがままに見られることも。空気を読んで発言するようにしてみて。

こんな星が入ってる

- ★ 警戒心強めの星
- ★ 飽きっぽい星
- ★ 身内にわがままの星

天星ナンバー
22

怖がりだけど向上心のあるお姫様

仲よくなると明るく陽気に振る舞いますが、実は人見知りで、慣れるまでは相手を警戒する怖がりな一面もあります。一緒にいる人の影響を受けやすいので、付き合う人を選ぶことが大切。いい影響を受けると人生が好転し、一気にステップアップすることも。

こんな星が入ってる

- ★ お姫様・王子様の星
- ★ 根拠のない自信がある星
- ★ 美意識を高めたい星

天星ナンバー 27

自分磨きに全力な欲しがりさん

マイペースで少し気まぐれなところがあるタイプ。強いパワーをもつ人に影響されやすい面があります。愛情はありますが自己愛が強いので、異性関係では無意識に相手を振り回すことも。自信をもつように努力すると、運気も上がるでしょう。

こんな星が入ってる

- ★ 自分大好きの星
- ★ 横取り上手の星
- ★ 形から入る星

天星ナンバー 28

束縛NG！ 自由でいたい冒険家

自由に生きていたい人。束縛されることが苦手で、自分のペースを大切にします。やや気まぐれで、気分にムラがあるので、周囲の人からは「何を考えているかわかりづらい」と思われることも。謙虚な気持ちと思いやりをもつことが幸運を引き寄せます。

こんな星が入ってる

- ★ 冒険大好きの星
- ★ 実はビビリの星
- ★ 人の影響を受ける星

CHARACTER

RISING SUN

YEARLY FORTUNE

2024年
朝日の運勢

THEME

“努力が報われ
幸せを感じる年”

総合運

TOTAL

2024年は、背伸びをしすぎずに。等身大のあなたに光が入る年となるでしょう。穏やかな気分に包まれやすいときですが、手抜きはせず、怠けすぎずに自分ができる限りを出し切って。悩みは紙に書き出すことで解消します。旅行運も高め。パワースポットなど、自分の癒しの時間も忘れずに。

恋愛運

LOVE

2024年のうちに恋愛も結婚もチャンスをつかんでおくことが大切。ビビッときたら、早めにアプローチを。出会い運も好調。パートナーがいる人は、新たな展開が待っています。ただ、わだかまりや心配事があるならば早めに解決を。2025年に持ち越すとしばらく引きずってしまう可能性が。

仕事運＆金運

WORK& MONEY

仲間と協力することで仕事運がアップする年。やる気はあるのに体がついてこないと感じる場面が多くなりそうなので、周りにサポートをお願いし、体力の強化を。相手が困っていたら、今度はあなたが手を貸してあげて。2024年はバーゲンやノリで散財せず、何らかの学びに投資を。

2024年の運気バイオリズム

メンテナンスの月
- 体調管理を第一に
- メンタルダウンに注意
- 癒しを大切にする

努力が報われる月
- 変化がある
- 力を発揮できる
- 夢が膨らむ

誘惑が多い月
- 調子にのりがち
- 足腰を温める
- 決断はNG

再挑戦できる月
- 縁ある人と再会
- チャンス到来
- 経験を活かせるとき

吉凶混ざり引きが強い月
- 自信をもって行動
- プチセレブ感
- 注目が集まる

振り返ってみる月
- 楽しんでみる
- 穏やかな雰囲気
- 最後の決断

運気が低迷する月
- 健康面に影が
- 頑固はNG
- 流れに身を委ねる

2023年　2024年

秋　冬　春

（光）と（影）のときは、
P.027のような性質が
それぞれ出てきます。

八方塞がりになりやすい月
- 謙虚さを大事に
- 決めつけない
- じっくり煮詰める

リセットの月
- 判断ミス
- 縁が切れる
- 爆発しやすい

新スタートの月
- 新発見
- チャレンジする
- 直感が戻る

物事を見直す月
- 体調を崩しやすい
- 準備の時期
- 少し休憩

決断する月
- 直感に従う
- 人生が変わる
- 軸を定める

メンテナンスの月
- 体調管理を第一に
- メンタルダウンに注意
- 癒しを大切にする

努力が報われる月
- 変化がある
- 力を発揮できる
- 夢が膨らむ

夏　　秋　　冬

赤（偶数年生まれ）

RED

21 22 27 28

心身ともに穏やかに過ごせる年。前半ほど運気がよく、ゆっくりと環境や流れが変わっていくので、早いうちから自分を見直して、足りない力を強化するなどして備えましょう。節約や貯金を心がけると安心です。

決断運	★★★☆☆
人間関係	★★★☆☆
健康運	★★☆☆☆
金運	★★★★☆

＼あなただけの／
光の月 3月、12月／**影の月** 5月、6月

白（奇数年生まれ）

21 22

27 28

WHITE

2024年は絶好調！　やりたいことを絞るほど、引きの強さを発揮できるとき。自信をもって動くことで信用度もアップし、経済的にも恵まれそうです。1つ上の目標を設定し、ランクアップをめざしましょう。

決断運	★★★★★
人間関係	★★★☆☆
健康運	★☆☆☆☆
金運	★★★★★

＼あなただけの／

光の月 1月、4月／**影の月** 6月、7月

2023 11 November メンテナンスの月

今月の開運メッセージ

ここまで勢いよく進んできたため、疲れやストレスが溜まっていそうです。今月は、あれこれ手を出すよりも落ち着いた暮らしを送りましょう。食事をゆっくりとる、軽く体を動かすなど、基本的なことを意識するだけで、体も心も軽くなっていくはず。また、これまでさぼってできなかったことがあるなら、ここで取り組んでみると、来月以降いい波にのれそうです。

今月の開運行動

1. 気になったことは、すぐに対処
2. 旬の食べ物からパワーをもらう
3. 早起きして朝活をしてみる

天星ナンバー別
今月のお言葉

あなたの
天星ナンバー
をチェック!

赤
（偶数年生まれ）

RED

ミスや焦りが見えます。無理せず等身大で過ごしたい月。一度生活習慣を見直し、あなたにとっての幸せを第一に。良質な睡眠で癒しを。

21

22

27

28

白
（奇数年生まれ）

WHITE

自分の軸を決め、目標を高くもち動きましょう。粘り強く取り組めば光が見えてきます。かつて失敗したことも今なら叶えられるはず。

2023 12 December 努力が報われる月

今月の開運メッセージ

何か新しいことをスタートするのにぴったりな月。気になっていた趣味や勉強など、思いつくことがあれば一歩踏み出してみて。運気が上向き、来年更に大きな実りとなって返ってくるでしょう。あなたに光が入りこむときなので、素敵な出会いも期待できそう。自分自身の中にあるよいエネルギーに気づけば、チャンスもつかめるはず。自信をもって行動を。

今月の開運行動

1. 初対面の人と積極的に交流する
2. 挨拶やお礼を言うときは明るい笑顔で
3. 湯船に浸かってしっかりと温まる

天星ナンバー別
今月のお言葉

あなたの
天星ナンバー
をチェック!

21 22 27 28

赤
（偶数年生まれ）

RED

新しい物事を始めると、思った以上の力を発揮できそう。以前諦めたことも今なら叶う予感。頑張った自分にご褒美を。家族との時間を大切に。

白
（奇数年生まれ）

WHITE

暴飲暴食に気をつけて。ゆっくり噛んで食べる、ストレッチをするなどメンテナンスに集中を。新年に好スタートを切れるよう体力は温存して。

2024 1 January 誘惑が多い月

今月の開運メッセージ

体調管理を意識すると運気アップにつながる月。この1年間はなるべくライフサイクルが乱れないようすごしてみましょう。不摂生や夜型生活が続くと運がゆっくり下がっていきます。まず自分自身を整えてみて。スキンケアやネイルなど、細部にまで気を配ると良い氣が入ります。心を惑わすような出来事がありそうですが流されず自分をしっかりコントロールすること。

今月の開運行動

1. 今の環境や周りの人の存在に感謝する
2. トレーニングやストレッチなど、運動を始める
3. 自分の気持ちに素直になってみる

天星ナンバー別
今月のお言葉

あなたの
天星ナンバー
をチェック!

赤
（偶数年生まれ）

RED

21

22

27

28

おだてにのりやすい時期。判断力が鈍ってくるので、何事も一旦落ち着いて考えて。目の前のことに集中していれば、いい波にのれるはず。

白
（奇数年生まれ）

運気は絶好調。やりたいことや夢が膨らみ、体の中からエネルギーが湧いてきそう。思いを口にするほど、周りからも応援されるでしょう。

WHITE

2024 2 February 再挑戦できる月

今月の開運メッセージ

これまで頑張ってきたことが、ようやく実を結びそうな月。なかなか結果が出なかったことにも、手応えを感じられるでしょう。また、「やり直し」するのにもぴったりな月です。納得いかなかったものを軌道修正したり、失敗したことも別のやり方で試してみると、いい結果が得られる予感。努力や経験をコツコツ積み重ねてきた人ほど、幸運をつかめるはずです。

今月の開運行動

1. まず動いてみて やる気のスイッチを入れる
2. 叶えたい夢を口に出してみる
3. 以前挫折したことに もう一度チャレンジ

天星ナンバー別

今月のお言葉

あなたの
天星ナンバー
をチェック!

21 22 27 28

赤
（偶数年生まれ）

RED

言霊《ことだま》を感じられる月。叶えたいことを口にするほど、本来の力が出てきます。これまでの経験も活きてくるので、自分を信じて行動を。

白
（奇数年生まれ）

欲張りになりそうな月。隣の芝生は青く見えがち。今ある幸せを見失わないように気を引き締めて行動を。ケガもしやすい時期なので注意を。

WHITE

2024 3 March 吉凶混ざり引きが強い月

今月の開運メッセージ

進むべき道をはっきりするといい月。忙しくても自分と向き合う時間を作って、将来どうなりたいか具体的に考えてみましょう。目標を1つに絞ったら、「絶対に叶える」という強い意志をもって、それに向かって突き進むこと。あなたの個性や感性を大切にすることで、周囲からも注目されるはずです。一生懸命頑張るほどに、運が味方してくれて、思った通りの未来を手にできるでしょう。

今月の開運行動

1. 自分に自信をもって積極的に動いてみる
2. 人の目を気にせず自分のために生きる
3. あれこれ思い悩むより思い切って決断する

天星ナンバー別
今月のお言葉

あなたの天星ナンバーをチェック!

赤
（偶数年生まれ）

RED

21 22 27 28

ワンランク上のあなたになれる月。金運も高まるのでレベルアップのための自己投資を。一流の人や場所に触れ、経験値を上げると開運に。

白
（奇数年生まれ）

WHITE

リベンジのパワーを得られる月。以前つまずいたことも今ならうまくできそう。過去の縁が好運を運んでくるので、お誘いには進んで参加を。

2024 4 April 振り返ってみる月

今月の開運メッセージ

自分を出すことを楽しんでほしい月。周りを気にしすぎたり、動くかどうかをためらっているうちに、せっかくのチャンスを逃す可能性も見えます。今月は少しくらい強引な方が運をつかみやすい月。やると決めたらすぐ動き、スピーディーな判断を。周りの力もうまく借りながら、自分の幸せをつかみにいきましょう。月末は、少しペースダウンして体力の温存を。

今月の開運行動

1. 自分の気持ちに従い
やりたいことをやる

2. 「笑い」を意識し
笑顔のトレーニングをしてみる

3. 免疫力を高める食事を
意識してとる

天星ナンバー別
今月のお言葉

あなたの
天星ナンバー
をチェック!

21
22
27
28

赤
（偶数年生まれ）

RED

心身ともに安定した月。大好きな人と会ったり、時間をかけて料理をするなど、豊かな過ごし方を意識してみて。月末は体調管理を。

白
（奇数年生まれ）

WHITE

金運にめぐまれる月。スキルアップのための投資は、いい結果に。吉凶ともに引きが強いので、好運におごらず幸せを周りと分かち合ってみて。

2024 5 May 運気が低迷する月

今月の開運メッセージ

何かと慌ただしくなり、面倒なことが増えやすい月。今月は、自分の意見を通そうとするより、人の意見やアイデアを取り入れた方がスムーズ。大変な状況もあえて楽しめるように心がけてみて。勘違いや空回りをしやすくなるので、物事を決めつけたり、こだわりすぎないよう注意。柔軟な姿勢がツキを呼びます。

今月の開運行動

1. 寝る前に楽しかったことや幸せだったことを思い出す
2. 早寝早起きの生活スタイル
3. ストレス解消を心がけ自律神経を整える

天星ナンバー別 今月のお言葉

あなたの天星ナンバーをチェック!

赤（偶数年生まれ）

RED

21 22 27 28

流れが変わるとき。予想外の出来事があっても、優しい言葉遣いや見返りを求めない行動があなたを救います。朝の光を浴びると運も安定。

白（奇数年生まれ）

大切な人との時間を温めたい月。贅沢をするより、料理をアレンジするなど、ささやかな日常を楽しむことで開運に。貯金を始めると◎。

WHITE

2024 6 June 八方塞がりになりやすい月

今月の開運メッセージ

流れを静かに見守るといい月。思わぬ展開に見舞われやすいですが、無理に逆らおうとはせずに、まずは受け入れてみて。「こうあるべき」という思い込みを捨てて、広い視野で見るようにすると、学べることがあるでしょう。健康面も揺らぎやすいので、温泉やスパなどで自分をいたわってあげて。ゆったりと過ごして、運気が上向いてくるときを待ちましょう。

今月の開運行動

1 人と接するときは優しい口調を心がける

2 出かける前に忘れ物がないかをチェック

3 わからないことはきちんと確認する

天星ナンバー別
今月のお言葉

あなたの
天星ナンバー
をチェック!

赤
（偶数年生まれ）

白
（奇数年生まれ）

RED

21

22

27

28

奉仕の心がテーマの月。周囲に感謝し笑顔を心がけると、マイナスの気持ちも消えるはず。落ち込んだら、日記に未来の自分を書いてみて。

気分が一変しやすい時期。予定外の出来事も増えますが、流れに身を委ねることでトラブル回避に。落ち込んだらデジタルデトックスも効果的。

WHITE

2024 7 July リセットの月

今月の開運メッセージ

今のあなたに合わないものとはお別れすることで、次のステージが見えてくるとき。身の回りの整理整頓をきっかけに、自分にとって本当に大切なものに、気づくこともありそうです。また、ネガティブな関係にも区切りをつけることが今後の開運のカギに。過去より未来に目を向ければ、新しい縁がやってくるはず。上手に自分の感情と向き合うことで、いい流れに。

今月の開運行動

1. データはこまめにセーブしバックアップをとる
2. 不要な物は溜め込まず思い切って処分する
3. 挨拶やメールでは丁寧な言葉を選ぶ

天星ナンバー別
今月のお言葉

あなたの
天星ナンバー
をチェック!

21 22 27 28

赤
（偶数年生まれ）

RED

自分の扉を開く月。これまでとあなたの波長が変わってくる時期なので、合わなくなったものは手放して。悪習慣を断ち切ると、良縁も。

白
（奇数年生まれ）

WHITE

立ち止まって自分を見つめ直すチャンス。頑固さを捨て、周囲の人から学ぶ気持ちを大切にすると大きく成長できそう。苦手なことの克服も！

2024 8 August 新スタートの月

今月の開運メッセージ

フットワーク軽く過ごすと運がめぐる月。面白そうな集まりに誘われたら、即OKして。また、自分から誘ってみることで、新しい人脈も増える予感。現状に行き詰まりを感じているなら、部屋の模様替えなど、日常にちょっとした変化を取り入れてみるとツキを呼びこむきっかけに。運気は確実に上昇しているので、失敗は成功の種と前向きに考えましょう。

今月の開運行動

1. 自分の直感を信じてアクションを起こす
2. 初めてのことにも思い切って挑戦する
3. さまざまなジャンルの情報にアンテナを張る

天星ナンバー別
今月のお言葉

あなたの
天星ナンバー
をチェック!

21 22 27 28

赤
（偶数年生まれ）

RED

好きなものが増える予感。未知のジャンルにもまっさらな心で触れてみると、新たな世界が広がります。引っ越しや部屋の大掃除も開運に◎。

白
（奇数年生まれ）

WHITE

本当に必要なものは何かを考える月。手放したくないものは守る努力を。縁が切れるものがあるぶん、新しい縁も来るので未来を信じて。

2024 9 September 物事を見直す月

今月の開運メッセージ

今月は、準備期間と捉えましょう。これからどんどん上がっていく運気の波にのるためにも、元気を充電しておくことが大事な時期です。調子がよくないときは無理せずに、体調を整えることを優先しましょう。また、これまでの生活を振り返り、悪習慣は断ち切ってしまうこと。体にいい習慣を1つでも取り入れるなど、いい変化を意識して過ごしましょう。

今月の開運行動

1. スキルアップのための勉強を始める
2. ヘアスタイルや服装を変えてイメチェンする
3. 理想の自分を描きダイエットに取り組んでみる

天星ナンバー別 今月のお言葉

あなたの天星ナンバーをチェック!

赤（偶数年生まれ）

RED

21 22 27 28

継続がテーマの月。成長を感じられなくても、今続けていることは未来に花咲く可能性があります。人脈を広げる努力が、この先の良縁に。

白（奇数年生まれ）

運気はゆっくり上昇中。やる気も湧いてくるので、なんでもトライしてみる気持ちで。変化を恐れず、楽しむことでツキもひらけてきます。

WHITE

2024 10 October 決断する月

今月の開運メッセージ

あなたの今後の人生の軸が定まってきそうです。やりたいことが見えてゴールを設定したら、達成に向けて細かくスケジュールを立ててみて。不安や迷いが出てきても焦らなくて大丈夫。体験したすべての不安は幸運を迎える準備。自分の直感に従って行動してみると天からの後押しを感じられるでしょう。オンとオフのスイッチを切り替えることでさらにパワーアップ。

今月の開運行動

1. ポジティブな言葉を意識的に口にする
2. 自分の可能性を信じて積極的に行動する
3. 目標をやや高めに設定してみる

天星ナンバー別
今月のお言葉

あなたの天星ナンバーをチェック！

赤
（偶数年生まれ）

RED

21 22 27 28

人生を変えるチャンスをつかめるとき。告白やダイエットなど、自分の意思を固めることで未来が変わってきます。整理整頓も開運のカギ。

白
（奇数年生まれ）

新しい出会いがある月。成長の過程なので、人との交流からなんでも吸収してみましょう。失敗を怖がらず少しずつでも前進！ をめざして。

WHITE

2024 11 November メンテナンスの月

今月の開運メッセージ

無理しないことが大切な月。新しいことに飛び込むより現状維持を心がけましょう。体に不調を感じたり、気分が落ち込んだりしたなら「一旦立ち止まって」というあなた自身からのメッセージ。心の声を受け止め少しペースを落としてみて。悩みや不安があるなら、1人で抱え込まず、周囲の人の言葉や本などからパワーチャージを。あなたを助けてくれる人はすぐそばに。

今月の開運行動

1. スマホやSNSから離れ
デジタルデトックス

2. 水や緑など
自然に触れて自分を癒す

3. 頑張った自分に
ちょっとしたご褒美を用意

天星ナンバー別
今月のお言葉

あなたの
天星ナンバー
をチェック!

赤
（偶数年生まれ）

RED

21 22 27 28

ペースダウンが必要な月。ストレスを感じたら、お気に入りの香りや音楽に包まれてみて。ケガもしやすいので、落ち着いて行動を。

白
（奇数年生まれ）

WHITE

はっきりとした意思表示が未来をひらくカギ。告白や転職など、これだ！ と思うものを選択して。人生の転換に吉月。

2024 12 December 努力が報われる月

今月の開運メッセージ

頑張ってきたことに成果が出始めます。一気に注目を浴び、チャンスが到来する可能性も。力を発揮できる時期なので、遠慮や謙遜はせずに、自信をもって動いていきましょう。また、買いもの運もよいので欲しかったものがあるなら、量より質を意識し、思い切って購入も吉。身の回りを自分の好きな物でいっぱいにし、ワクワク感に包まれるように。

今月の開運行動

1. 自分が「好き」と思えるものを探してみる
2. 周りの人に無理して合わせようとしない
3. 身だしなみを整えおしゃれを意識してみる

天星ナンバー別
今月のお言葉

あなたの
天星ナンバー
をチェック!

赤
（偶数年生まれ）

RED

運に味方される月。夢が膨らみ、実行に移すチャンスが到来します。高望みでもダメだと決めつけず行動を。年末は周囲の人に感謝を伝えて。

21

22

27

28

白
（奇数年生まれ）

ストレスが溜まる月。体のSOSを受け止めたら、ペースダウンを。体を温め、良質の睡眠をとることで、いい新年を迎えられるはず。

WHITE

RISING SUN

2024年
日々の
開運メッセージ

Daily Fortune Message

先々を見通してみたり
その日がどんな日なのか調べてみたり
日々の過ごし方や考え方の
参考にしてみてくださいね。

運気キーワード

KEYWORD

《 吉凶日 》

天赦日

「天が赦す日」と書くように、神様がすべての罪を赦し、障害が取り除かれる日とされています。一粒万倍日より数が少ない大吉日。結納や婚姻届の提出など、結婚にまつわることを行うのによく、新しいことを始めるのにもいい日です。

一粒万倍日

「一粒の種子が万倍にもなって実る」という意味をもち、何かを始めるのにいい日とされています。財布の新調にも最適。ただし、人からお金やものを借りると、万倍に膨らみ凶となるため注意してください。

不成就日

要注意日。何事も成就しない、悪い結果を招いてしまう日とされています。結婚、開店、起業など、新しいことを始めるのは避けた方がいい日です。

『吉日と不成就日が重なる場合には、あまり新しい行動を起こさない方がベター。』

《 月の満ち欠け 》

● 新月

新しいスタートを切るのにいいとき。新しいものを買うのにもいい日とされています。

◐ 上弦

新月から満月へと満ちていくとき。判断力や決断力が高まっているときで、積極的な行動を起こすのに適した日とされています。

◑ 下弦

満月から新月へと欠けていくとき。物事をリセットしたり、デトックスしたり、感情のリセットなどにも向く日とされています。

● 満月

不要なものを手放すのにいい日とされています。

PHASES OF THE MOON

2023 11 November

メンテナンスの月

毎日の運気をチェック！

DATE

1	Wed.		焦りがトラブルの原因に。落ち着いて行動しよう。
2	Thu.		軽い運動や、ゆったりとした入浴でストレス解消。
3	Fri.		自然の中に出かけて、日頃の疲れをしっかり癒そう。
4	Sat.		何度も同じ症状が出る場合は、早めに病院へ。
5	Sun. ◑		現状維持でいいと割り切ることも、ときには大切。
6	Mon.		偏った味つけや食材は控えて、食生活の乱れを改善。
7	Tue.		自分の存在意義を見失っても、深く考えすぎないで。
8	Wed.	不成就日	気持ちが揺れやすい日。謙虚な気持ちを忘れずに。
9	Thu.		退屈でも表情に出すのは×。相手を気遣って。
10	Fri.		帰宅後はアロマを焚いたりしてリラックスしよう。
11 一の酉	Sat.	一粒万倍日	よく知らないことを憶測で話すのはNG。失言に注意。
12	Sun.	一粒万倍日	仕事のことが頭をよぎっても、休日はリラックス。
13	Mon. ●		努力が評価されなくても、次の機会を狙って準備を。
14	Tue.		身近な人の優しさを実感。感謝の気持ちを伝えよう。
15	Wed.		問題を先延ばしにせず、早めに対応すること。

16 Thu.	不成就日	懐かしい友達と再会するかも。刺激をもらえそう。
17 Fri.		年末年始も視野に入れて、お金は計画的に使おう。
18 Sat.		頼まれたら楽しんでやろう。周りも喜ぶはず。
19 Sun.		大事な人とのすれ違いに注意。本音で話してみて。
20 Mon.		予定をうっかり忘れないように、時間の管理を徹底。
21 Tue.		厄介なことは見て見ぬふりをせず、すぐに対応して。
22 Wed.		一歩リードするために、長所や得意分野を伸ばそう。
23 Thu. 二の酉	一粒万倍日	友達に意見を聞いて、自分を客観視することが大事。
24 Fri.	一粒万倍日 不成就日	ストレスは、お酒以外の方法で解消するのが◎。
25 Sat.		体調がイマイチなら無理は禁物。生活を見直そう。
26 Sun.		少しずつ元気が回復。昔の出来事も前向きに考えて。
27 Mon.		中途半端は×。時間がないなら周りに相談して解決。
28 Tue.		頑張っているあなたを、応援してくれる人が現れそう。
29 Wed.		臨時収入の知らせが。1年のご褒美は奮発しても。
30 Thu.		早いうちに贈り物を探しに行けば、よい品を発見。

新月 上弦 満月 下弦

2023 12 December 努力が報われる月

毎日の運気をチェック!

DATE			
1	Fri.		相手が忙しそうならゆっくり話せるよう日を改めて。
2	Sat.	不成就日	急な予定が入りそう。割り切って大人の対応を。
3	Sun.		どちらかを選ぶときは、利益につながる方を選択。
4	Mon.		思いを改めて伝えると、考え直してもらえそう。
5	Tue.	一粒万倍日	周りに申し訳なくても今日は助けてもらって。
6	Wed.	一粒万倍日	いい贈り物が見つかったら、その場で予約をしよう。
7	Thu.	一粒万倍日	相手が答えたくなさそうなら、問い詰めるのはNG。
8	Fri.	一粒万倍日	好きな人に近づくチャンス。誠実な面をアピール。
9	Sat.		急ぎの用事があっても、自分勝手に動かないように。
10	Sun.	不成就日	ダメだったことに再挑戦する準備をしておこう。
11	Mon.		年末にやるべきことを書き出して、計画的に進めて。
12	Tue.		成果が出る日。周りからの評価も上がって大満足。
13	Wed.		過去を掘り返して相手を責めないで。謙虚さが大切。
14	Thu.		場の空気を壊さないよう、言葉選びに気をつけて。
15	Fri.		掃除をしていつでも人を呼べる部屋に整えておこう。

16 Sat.		狙っていた物がお得な価格に。すかさずゲットして。
17 Sun.	不成就日	無理をせずに、素の自分で話すことを心がけよう。
18 Mon.		イメトレで準備万端に整えて。諦めない気持ちが大切。
19 Tue.	一粒万倍日	予想外の作業が入っても、切り替えて取り組もう。
20 Wed.	一粒万倍日	パートナー運が絶好調。次のステージに進めるかも。
21 Thu.		気が散るものは片付けて、集中力をキープしよう。
22 Fri. 冬至		食事するなら初めてのお店より慣れているお店が吉。
23 Sat.		出費が続きそう。無駄遣いをしていないか確認を。
24 Sun.		楽しむのはいいけどやるべきことは完璧にこなして。
25 Mon.	不成就日	時間がかかりそうな事は遠慮せず助けてもらおう。
26 Tue.		困っている人や忙しそうな人のサポートに回って。
27 Wed.		年末に向けて掃除を開始。1年の汚れをさっぱりと。
28 Thu.		今年を振り返りつつ、来年の目標も決めていこう。
29 Fri.		出かける前は、忘れ物や火の元をしっかりチェック。
30 Sat.		家に籠もるよりも外へ出かけた方が運気アップ。
31 Sun. 大晦日	一粒万倍日	新年に向けて、軽い運動を始めてみれば開運。

新月 上弦 満月 下弦

2024

1 January

誘惑が多い月

毎日の運気をチェック!

DATE			
1 Mon. 元日		天赦日 一粒万倍日	新年を迎え心機一転！ 緊張感をもって過ごそう。
2 Tue.		不成就日	気が大きくなりそう。調子にのりすぎないよう注意。
3 Wed.			やりかけのことに取り組むと、スムーズに進みそう。
4 Thu.	◐		臨時収入があったら、お世話になった人にご馳走を。
5 Fri.			たくさんの人と接すると実りの多い１日になるかも。
6 Sat.			自分のペースを保てればトラブルを避けられそう。
7 Sun. 七草			思いつきの行動は控えて。準備と確認は念入りに。
8 Mon.			大事な物まで捨ててしまわないよう慎重に整理整頓。
9 Tue.			ネットや本を積極的にチェック！ 情報収集が吉。
10 Wed.		不成就日	今日は早めに帰って、ひと息つける時間をとろう。
11 Thu.	●		誰かと会うときは思い込みを捨てて話してみよう。
12 Fri.			周囲の言葉に敏感になりそう。１人の時間を大切に。
13 Sat.		一粒万倍日	気になる人にアプローチすると好感触が得られそう。
14 Sun.			どんなに距離が近くても甘えすぎないようにしよう。
15 Mon.			以前失敗したことに期限を決めてリベンジを。

16 Tue.	一粒万倍日 不成就日	習い事など自分磨きにつながることを考えてみよう。
17 Wed.		余裕をもって過ごせば周りの優しさに気づけるかも。
18 Thu.		期待しすぎない方が、案外うまくいきそうな日。
19 Fri.		事前にしっかり情報を集めておけば、ミスを回避。
20 Sat.		借りていたものがあるなら、今日中に返却しよう。
21 Sun.		リラックスして話せそう。積極的に交流の場へ。
22 Mon.		勉強の場には前向きに参加。いい出会いがありそう。
23 Tue.		決断することがあるなら、周りの意見を取り入れて。
24 Wed.	不成就日	溜まった疲れは、マッサージやお風呂で癒そう。
25 Thu.	一粒万倍日	急なお誘いがある予感。迷わず参加すると開運に。
26 Fri.		大事なことは聞き逃さないように、メモをとろう。
27 Sat.		再チャレンジにいい日。気を引き締めて取り組んで。
28 Sun.	一粒万倍日	サプライズがあるかも。お返しをすると幸せも倍増!
29 Mon.		肩の力を抜いて取り組んでみると、うまくいきそう。
30 Tue.		面倒なことにむやみに首を突っ込まないように注意。
31 Wed.		失敗して落ち込むより、そこから学ぶことを探して。

新月 上弦 満月 下弦

毎日の運気をチェック!

2024 2 February
再挑戦できる月

DATE			
1	Thu.	不成就日	大切な物が壊れたなら、残念でも手放す決心を。
2	Fri.		バレンタインの準備を始めるといい流れになりそう。
3 ◐ 節分	Sat.		今ある能力を伸ばすようにすると運気がアップ。
4	Sun.		失敗も明るく笑い飛ばせるくらいの余裕をもって。
5	Mon.		疲れが出そう。無理せず自分のペースで動こう。
6	Tue.		ためらっていたことに挑戦を。大きく成長できそう。
7	Wed.	一粒万倍日	任されたことをやり切るため準備や確認は念入りに。
8	Thu.		ぎくしゃくしている人がいるなら、仲直りのチャンス。
9	Fri.	不成就日	ニュースは要チェック。役立つ情報を得られそう。
10 ●	Sat.		初めて行く場所よりも、なじみのある場所が吉。
11	Sun.		判断力が鈍りそう。いつもより慎重に物事を進めて。
12	Mon.	一粒万倍日 不成就日	気持ちが相手に伝わりづらい日。大事な話は後日に。
13	Tue.		諦めることでうまくいく場合も。いさぎよさが大事。
14	Wed.		好きな人には自分からアプローチ。急接近できそう。
15	Thu.		気になっていたことを深掘りするとアイデアが浮かぶかも。

16 Fri.			頭が冴える日。先送りしていたことに取りかかろう。
17 Sat.	◐		空回りしてしまうかも。早めに帰って自分を癒して。
18 Sun.			懐かしい人から連絡が。思い出話で前向きな気持ちに。
19 Mon.		一粒万倍日	冒険するよりも、今あるものを大切にするとGOOD。
20 Tue.		不成就日	過去の失敗を繰り返さないよう、気を引き締めて。
21 Wed.			あなたに注目が集まりそう。笑顔が好運のカギに。
22 Thu.			いつもよりおしゃれをして出かけよう。出会いの予感。
23 Fri.			今日の外出は気疲れしそう。家でのんびりが◎。
24 Sat.	◯	一粒万倍日	できないことは素直に認めて。無理しなくて大丈夫。
25 Sun.			不要な物を処分しよう。気持ちが前向きに!
26 Mon.			出会いを求めているなら、友達に紹介を頼むと吉。
27 Tue.			悪い生活習慣を見直すとき。体調を整えよう。
28 Wed.		不成就日	自分の意見を通すよりも、周囲の意見を尊重して。
29 Thu.			気分が沈みがちに。小休止して頭を空っぽにしよう。

● 新月 ◐ 上弦 ◯ 満月 ◑ 下弦

毎日の運気をチェック!

2024 3 March
吉凶混ざり引きが強い月

DATE			
1	Fri.		自分の魅力を引き立てるコーデで、運気がアップ。
2	Sat.	一粒万倍日	物を失くしてしまうかも。貴重品には気をつけて。
3 ひな祭り	Sun.		うまくいかなかったことに再挑戦。好機があるかも。
4	Mon. ◐		頑張れば頑張るほど、うれしい結果がついてきそう。
5	Tue.		気になる人に思いを伝えてみて。進展の可能性あり。
6	Wed.		ミスを責めるのはやめよう。相手の身になってみて。
7	Thu.	不成就日	悪いことが重なっても、前向きな気持ちを大切に。
8	Fri.		我慢して付き合っているなら、関係を見直すとき。
9	Sat.		何事も柔軟に捉えてみて。新たな発見があるはず。
10	Sun. ●	一粒万倍日	明るい笑顔で挨拶を。自分の気持ちも上向きに。
11	Mon.	不成就日	やりたいことが浮かびそう。企画を練ってみよう。
12	Tue.		メンタルダウンしやすい日。自分を癒してあげて。
13	Wed.		頼ってくる人がいたら、親身になって話を聞こう。
14	Thu.		決断できないときは、周りの意見を参考にすると吉。
15	Fri.	天赦日 一粒万倍日	懐かしいものに触れてみて。当時の記憶で前向きに。

16 Sat.		今後を左右する、ビッグニュースがある予感。
17 Sun.		うまくいかないときは、初心にかえってみよう。
18 Mon.		トラブルがあっても大きく構えて、冷静に対処を。
19 Tue.	不成就日	納得できず反発したくなっても、今日は我慢が正解。
20 Wed.		スムーズに進まずイライラ。気持ちを切り替えて。
21 Thu.		友達に連絡をとってみよう。いい話が聞けそう。
22 Fri.	一粒万倍日	思いがけない場所でお気に入りの品に出合えるかも。
23 Sat.		パワーがみなぎる日。周りとの協調も忘れずに。
24 Sun.		疲れを感じたら、ゆっくり休んでメンテナンスを。
25 Mon.		頼まれた仕事に真剣に取り組むと評価がアップ。
26 Tue.		余計な物まで買ってしまいそう。財布の紐は堅く。
27 Wed.	一粒万倍日 不成就日	思い出話をきっかけに、ときめきがよみがえるかも。
28 Thu.		周りの人の温かい気持ちに触れる1日となりそう。
29 Fri.		一見難しそうでも、自信をもって取り組めば大丈夫。
30 Sat.		うっかりドジをしないよう、なるべく慎重に行動を。
31 Sun.		注目が集まりやすい日。謙虚な姿勢を心がけよう。

新月 上弦 満月 下弦

毎日の運気をチェック!

2024 4 April 振り返ってみる月

DATE			
1	Mon.		気分が落ち込んでいるときは、掃除でリフレッシュ。
2	Tue.		新しい髪型に挑戦！ 新たな魅力で運気アップ。
3	Wed.	一粒万倍日	思い込みで決めつけず、柔軟に対応してみよう。
4	Thu.	不成就日	贈り物をするなら今日は買わずリサーチにとどめて。
5	Fri.		新しい環境で案外くたくたかも。しっかり休もう。
6	Sat.	一粒万倍日	外出して友達に会ったり、アクティブに過ごすと吉。
7	Sun.		気持ちが揺れやすいかも。迷うなら決断は後日に。
8	Mon.		苦手なことも、諦めずに取り組めばいい結果に。
9	Tue.	一粒万倍日 不成就日	ゴールデンウイークの計画を。楽しみが膨らみそう。
10	Wed.		周りへの思いやりや心配りが、運を引き寄せる秘訣。
11	Thu.		イラっとするのは図星だからかも。自分を省みて。
12	Fri.		流れに身を任せると、物事がスムーズに進みそう。
13	Sat.		行き詰まっているのなら、別の方法を試してみよう。
14	Sun.		新しい小物を取り入れてみると、やる気もアップ！
15	Mon.		ネットで情報をリサーチ。いいお店を発見できそう。

16	Tue. ◐		自分のペースを優先するより、周りに合わせてみて。
17	Wed.	不成就日	体調を崩しやすい日。休むことも仕事と考えよう。
18	Thu.	一粒万倍日	気力も体力も十分！ 行動的に1日を過ごして。
19	Fri.		身だしなみがカギに。外出前に念入りにチェックを。
20	Sat.		不安になっても心配しないで。そのまま進むのが◎。
21	Sun.	一粒万倍日	臨時収入は貯金するよりも人のために使うと吉。
22	Mon.		これまでの頑張りが認められて、うれしい気分に。
23	Tue.		自分の考えを押し付けず、相手の価値観を尊重して。
24	Wed. ◯		揉め事に巻き込まれそうになったら一歩引こう。
25	Thu.	不成就日	今日は早めに帰ろう。お風呂でデトックスが◎。
26	Fri.		調子が徐々に回復。夜の予定は存分に楽しもう。
27	Sat.		自然に触れて、心身のエネルギーをチャージして。
28	Sun.		気になることがあるなら、思い切って決断をしよう。
29	Mon.		明日以降動き回るためにも今日は疲労回復に努めて。
30	Tue.	一粒万倍日	力を発揮できるとき。少しくらい強引になってもOK。

● 新月 ◐ 上弦 ◯ 満月 ◑ 下弦

2024 **5** May

毎日の運気をチェック!

運気が低迷する月

DATE			
1	Wed.		無駄遣いをしてしまいそう。買う前によく考えて。
2	Thu.		知り合いに遭遇しても、約束は次の機会がベター。
3	Fri.	一粒万倍日 不成就日	物を失くしやすい日。外出時の持ち物は最低限で。
4	Sat.		不機嫌だと運気ダウン。明るい笑顔で1日過ごそう。
5 端午の節句	Sun.		喋りすぎて、うっかり口を滑らせないように注意して。
6	Mon.		周りに惑わされやすい日。自分に集中することが大事。
7	Tue.		誘惑に負けてしまうかも。気持ちを強くもとう。
8	Wed.		普段使う物を新調しよう。アイデアが浮かぶかも。
9	Thu.		おしゃれな人を観察。ファッションセンスを磨いておこう。
10	Fri.		ケンカしたなら意地をはらずに自分から謝って。
11	Sat.	不成就日	いくら忙しくても、ひと息つく時間は大切にしよう。
12	Sun.		いい結果を出したいなら、謙虚さを忘れずに行動。
13	Mon.		集中力が続かない日。大事な仕事は気を引き締めて。
14	Tue.		昔の知人から誘われても、今日は見送る方が賢明。
15	Wed.	一粒万倍日	無駄遣いせず、自分への投資にお金を使うと開運に。

16 Thu.	一粒万倍日	相手の自分勝手な態度も、広い心で受け止めて。
17 Fri.		心を落ち着かせて、自分と向き合う時間を作ろう。
18 Sat.		イライラしても人に当たるのは×。余裕をもって。
19 Sun.	不成就日	去る者は追わず。執着せずに手放すことが大切。
20 Mon.		新しいチャンスが舞い込みそう。注意深く進めて。
21 Tue.		周りを気にせず、自分の仕事を着実にこなそう。
22 Wed.		独断で決めるよりも、人の意見を取り入れてみよう。
23 Thu.		心身ともにお疲れ気味。早く帰って、自分を癒して。
24 Fri.		注目を浴びそう。喜んでもいいけど周りに配慮を。
25 Sat.		休日でも規則正しい生活を心がけると好運に。
26 Sun.		思い切った挑戦をするなら、準備を念入りにして。
27 Mon.	一粒万倍日 不成就日	贈り物をされるなど、うれしい出来事の予感!
28 Tue.	一粒万倍日	感謝の気持ちを大切に。関係性がよりよくなるはず。
29 Wed.		周りが羨ましくなりそう。「人は人」と考えよう。
30 Thu.	天赦日	お祝い事は少し奮発して真心を尽くすと運気アップ。
31 Fri.		欲張りすぎると思わぬ落とし穴が。何事も程々に。

新月 上弦 満月 下弦

2024 6 June

毎日の運気をチェック!

八方塞がりになりやすい月

DATE		
1 Sat.		情報のアンテナを張って自分に合う物を見つけよう。
2 Sun.		今日は笑顔を意識。場が明るくなって自分も幸せに。
3 Mon.		相手は自分を映す鏡。不満を感じたら自分を省みて。
4 Tue.	不成就日	無理すると体にきそう。適度なところでストップを。
5 Wed.		対抗心はもたず、どんな人も受け入れてみよう。
6 Thu.		無駄な時間を過ごさないよう、気合いを入れ直して。
7 Fri.		放置していた問題に取り組もう。前に進めるはず。
8 Sat.		お金の無駄遣いが増えているかも。使い方の見直しを。
9 Sun.		落ち着いて考えてみよう。問題解決方法がわかるかも。
10 Mon.	一粒万倍日 不成就日	心を広くもっていれば、大事な人やものを守れそう。
11 Tue.	一粒万倍日	周りに期待しすぎずに、流れに身を任せると◎。
12 Wed.		新しいことより、やりかけのことに注力してみて。
13 Thu.		新たな出会いの予感。まずは友達から始めよう。
14 Fri.		パートナーや友達と運動をすることで運気アップ!
15 Sat.		間違った判断をしやすいかも。今日は様子を見て。

16 Sun.		疲れが溜まってクタクタ。自分を労る日にしよう。
17 Mon.		泣いたり笑ったりと忙しい日。笑顔を忘れずに。
18 Tue.	不成就日	やる気が出ないときは、運動で気持ちを切り替えて。
19 Wed.		思い出に触れることで、元気を取り戻せそう。
20 Thu.		急な仕事が入るかも。うまく予定を組み直してみて。
21 Fri.		感謝の気持ちで接すれば、いい関係を築けそう。
22 Sat.	一粒万倍日	周りに振り回されそう。頑張ったら自分にご褒美を。
23 Sun.	一粒万倍日	へこむことがあっても今日だけ。前を向こう。
24 Mon.		いらない物を一気に処分すれば、気持ちもスッキリ。
25 Tue.		疲れたら夏休みの予定を考えてやる気を取り戻そう。
26 Wed.	不成就日	過去を振り返るより、未来のことに目を向けよう。
27 Thu.		悪い予感が当たりそう。不穏な空気を感じたら回避。
28 Fri.		仕事終わりは出かけるよりも、家でゆっくりがベター。
29 Sat.		不満は抑えて、自分のやるべきことに集中して。
30 Sun. 夏越の祓		気が散りやすい日。大事な用事は後日に回しても。

新月 上弦 満月 下弦

2024 7 July

リセットの月

毎日の運気をチェック!

DATE			
1	Mon.		やりかけていたことがあるなら、仕切り直しのとき。
2	Tue.		出費がかさんでも、将来に役立つことに投資しよう。
3	Wed.		周りの助けで問題が解決。恩返しを忘れずに。
4	Thu.	一粒万倍日 不成就日	スマホなど機器のトラブルが。落ち着いて対応を。
5	Fri.	一粒万倍日	自分と相手の考えが違っても、無理な押し付けは×。
6 ●	Sat.		ネガティブ思考に引きずられないで。前を向こう。
7 七夕	Sun.		ネットで情報収集を。役立つ知識を得られそう。
8	Mon.	一粒万倍日	待ち受け画面を変えると、新鮮な気分になれるかも。
9	Tue.		執着はNG。きっぱり断ち切って次に目を向けよう。
10	Wed.		調子が出ないときほど何気ない優しさに救われそう。
11	Thu.	不成就日	仲のよい友達に連絡を。気持ちが晴れるかも。
12	Fri.		なんとなく心が揺れやすい日。冷静に対応して。
13	Sat.		迷ったときは、過去の経験を参考にしてみよう。
14 ◐	Sun.		温かい言葉に触れられるかも。小さな幸せを大切に。
15	Mon.		どんなに忙しくても、趣味を楽しむ時間を作ろう。

16 Tue.			今日は1人でいた方がトラブルなく過ごせるかも。
17 Wed.		一粒万倍日	出しゃばるよりも、一歩引いたスタンスが正解。
18 Thu.			問題はそのままにしておかず、早めに解決して。
19 Fri.		不成就日	公園や自然の中で休憩して、リフレッシュしよう。
20 Sat.		一粒万倍日	気持ちが晴れないなら、まずは3回深呼吸をして。
21 Sun.	○		誤解を生まないように、断るときははっきりと。
22 Mon.			やる気が出なくても、だらだらと仕事はしないように。
23 Tue.			目立ちすぎると非難の的に。控えめなくらいが◎。
24 Wed.			提出物やメールはしっかりチェックしてミスを回避。
25 Thu.			諦めずに再チャレンジ。今日はいい結果が出そう。
26 Fri.			いらなくなった物を売ると、予想以上の収入に。
27 Sat.		不成就日	うまくいっているときこそ、気を抜かないこと。
28 Sun.	◑		見栄をはりすぎないで。そのままのあなたで大丈夫。
29 Mon.		天赦日 一粒万倍日	じっくり思考を深めることで可能性が広がりそう。
30 Tue.			ネガティブな人とは、距離を置いた方が得策かも。
31 Wed.			「無理」という思い込みは捨てて、挑戦してみよう。

● 新月 ◐ 上弦 ○ 満月 ◑ 下弦

毎日の運気をチェック！

2024 8 August 新スタートの月

DATE		
1 Thu.	一粒万倍日	友達の誘いにのってみて。素敵な出会いがありそう。
2 Fri.		旅行の予定があるならすぐにチケットの予約を。
3 Sat.		イラっとしたら深呼吸。無駄な言い合いは避けて。
4 Sun. ●		チャンスが舞い込んできたなら、迷わず飛び込もう。
5 Mon.		今日は笑顔を大切に。周りもリラックスして過ごせそう。
6 Tue.	不成就日	懐かしい人と話してみると、いい刺激になるかも。
7 Wed.		必要な物の買い出しに。お得な物と出合えそう。
8 Thu.		パートナーとの交際が次のステップに進む予感。
9 Fri.		反発するより、人のアドバイスに耳を傾けること。
10 Sat.		スムーズに進まず疲れが溜まりがち。心身を休めて。
11 Sun.	一粒万倍日	家の中の無駄な物を思い切って捨てると、開運に。
12 Mon.	天赦日	考えは人それぞれ。いろいろな価値観を受け入れて。
13 Tue. ◐		苦手なことこそ、自分を成長させる絶好のチャンス。
14 Wed.	不成就日	行き当たりばったりではなく、よく考えてから行動を。
15 Thu.		体力が落ちがち。無理せず、水分補給はしっかりと。

16 Fri.	一粒万倍日	新たな縁の予感。積極的にアプローチしよう。
17 Sat.		気分がのらないなら、やるべきことは明日に回そう。
18 Sun.		以前できなかったことにトライ。すんなり進むかも。
19 Mon.		うれしい言葉やほめ言葉は、素直に受け止めて。
20 Tue.	●	大らかな気持ちでいれば、物事も順調に進むはず。
21 Wed.		心当たりのない疑いが。冷静に話して誤解を解いて。
22 Thu.	不成就日	アクティブに動くより、心が安らぐ過ごし方が理想。
23 Fri.	一粒万倍日	違和感はそのままにせず、気持ちの整理をしよう。
24 Sat.		気になる集まりに飛び込んで。うれしい展開も!
25 Sun.		自分と違うジャンルの人と話すと、刺激になりそう。
26 Mon.	◑	ハードルの高い目標に挑戦! 達成できる可能性大。
27 Tue.		夏バテ気味かも。体力を消耗しないよう工夫して。
28 Wed.	一粒万倍日	夢を叶えるために協力してくれる人を集めておこう。
29 Thu.		予定はあえて決めず、のんびりと過ごすのが吉。
30 Fri.	不成就日	昔の友達に再会の予感。近況を知ることができそう。
31 Sat.		新しい物を1つでも取り入れてみると、運気アップ。

● 新月 ◐ 上弦 ● 満月 ◑ 下弦

2024 9 September

毎日の運気をチェック！

物事を見直す月

DATE			
1	Sun.		頑張るあなたを後押ししてくれる人が現れそう。
2	Mon.		期待通りにならなくても、不満は顔に出さないで。
3	Tue.		自ら前に出るよりも、控えめでいた方がいいかも。
4	Wed.	一粒万倍日 不成就日	緊張しても、初めて会う人には自分から挨拶を。
5	Thu.		経験者の話から、新たな趣味の世界が広がる予感。
6	Fri.		難しく考えず、気になっていたことにチャレンジ！
7	Sat.		パワーは十分。やるべきことをどんどん片付けて。
8	Sun.		頑張りすぎるとダウンしそう。今日は体を休めよう。
9 重陽の節句	Mon.		笑顔を心がけて。自然と人が集まってきて運気アップ。
10	Tue.		集中力に欠けそう。簡単な仕事から始めるのが得策。
11	Wed.		失敗を繰り返さないように、柔軟に対応しよう。
12	Thu.	一粒万倍日 不成就日	頑張っている自分にご褒美を。少しくらいの奮発はOK。
13	Fri.		知人と食事会を。会話が弾み刺激を受けそう。
14	Sat.		友達との距離を感じるかも。忙しくても友情は大切に。
15	Sun.		細かいことは気にせず、トラブルにも広い心で対応。

16 Mon.		今日はお風呂にゆっくり浸かって、疲れを癒して。
17 Tue. 中秋の名月	一粒万倍日	変化を求めるなら、思い切ってイメージチェンジを。
18 Wed.		自分から話しかけて、積極的に交流を楽しむと吉。
19 Thu.		憧れの人を参考に、素敵な生き方を学んでみよう。
20 Fri.	不成就日	調子が出ないなら、温かい飲み物で胃腸を労って。
21 Sat.		注目が集まりやすいとき。謙虚な姿勢を心がけよう。
22 Sun.		朝は思うように動けなさそう。午後からの外出が◎。
23 Mon.		一度失敗したことも、やり方を変えるといい結果に。
24 Tue.	一粒万倍日	自分磨きのためにお金を使ってみて。満足な収穫が。
25 Wed.		コツコツ努力してきたことに成果が表れそうな日。
26 Thu.		調子が上がらないかも。夜は家で過ごすのがベター。
27 Fri.		親孝行をしてみよう。絆が深まり、よりいい関係に。
28 Sat.	不成就日	身の回りのいらない物を捨てることで新たな発見が。
29 Sun.	一粒万倍日	フットワーク軽く行動してみると、充実した１日に。
30 Mon.		周りの意見も聞いて、広い視野で物事を考えよう。

新月 上弦 満月 下弦

2024 10 October 決断する月

毎日の運気をチェック!

DATE

1	Tue.		今日の決断は後戻りできないかも。十分に検討して。
2	Wed.		ストレスが溜まっているなら、気分転換を大切に。
3	Thu. ●	不成就日	恐れや不安に負けないで。自分の力を信じよう。
4	Fri.		真面目さも大事だけど、遊び心も取り入れてみて。
5	Sat.		滞っていたことが一気に前進。上手に波にのれそう。
6	Sun.	一粒万倍日	1人で突っ走るより周りとペースを合わせてみよう。
7	Mon.		自信があっても調子にのって天狗にならないように。
8	Tue.		自分の考えにこだわらず周囲の意見も取り入れて。
9	Wed.	一粒万倍日	目立つ服装や行動は避けて控えめでいるのがベター。
10	Thu.		離れたい人がいるなら、態度で示してもOK。
11	Fri. ◐	天赦日 不成就日	落ち込んでいた気持ちが、少しずつ晴れていきそう。
12	Sat.	一粒万倍日	プランにはゆとりをもたせてみて。うまくいくはず。
13	Sun.		自分が成長できることなら、一歩踏み出してみよう。
14	Mon.		体調の異変を感じたら、そのままにしないよう注意。
15	Tue.		決断に迷うときは、冒険より手堅い方を選ぶと吉。

16 Wed.		緊張の糸が切れがち。気持ちを切り替えて取り組もう。
17 Thu.		目標を掲げて再挑戦！ 思い通りの結果になりそう。
18 Fri.		買い物に行った先で、ラッキーな出来事があるかも。
19 Sat.	不成就日	プライドは捨てて、相手の立場に立って考えること。
20 Sun.		想定外の展開に備え、余裕のあるプランを立てよう。
21 Mon.	一粒万倍日	欠点ではなく、よいところを見つけるようにして。
22 Tue.		クローゼットの中を片付けて、冬支度をしておこう。
23 Wed.		ここぞというときは新しい服で挑むと、運気アップ。
24 Thu.	一粒万倍日	外に出かけよう。おもしろい情報に出合えるかも。
25 Fri.		欲張りはNG。あれこれ手を出さずに1つに絞ろう。
26 Sat.		何事も体が資本。健康的な体作りを始めてみて。
27 Sun.	不成就日	出し惜しみせずに力を尽くすと、状況が好転。
28 Mon.		誰でもミスはするもの。とがめず、大目に見よう。
29 Tue.		チャンス到来。経験を活かし、実力を発揮できそう。
30 Wed.		スキルアップのための勉強を始めるのに最適な日。
31 Thu.		悩みは人に相談してみて。進む方向が決まるかも。

新月 上弦 満月 下弦

Astrology How To Profile & Congeniality Yearly Fortune-Telling Monthly Fortune-Telling Daily Fortune-Telling Other Ranking

2024 11 November

毎日の運気をチェック!

メンテナンスの月

DATE			
1	Fri. ●		うまい話にはのらないように。慎重に判断を。
2	Sat.	一粒万倍日	面倒なことにもきちんと向き合って人間力アップ。
3	Sun.		ケンカを売られても買わないこと。大人の態度で。
4	Mon.	不成就日	うまくいかないと感じたら、視点を変えてみよう。
5 一の酉	Tue.	一粒万倍日	憧れの人と距離を縮めるチャンス。自ら歩み寄って。
6	Wed.		自己主張しすぎると逆効果。説得は冷静に。
7	Thu.		食べすぎには気をつけて。ストレス解消は運動で。
8	Fri.		周りにも自分にも優しく。朗らかな気持ちで好運に。
9	Sat. ◐		気が緩みやすい日。緊張感をもって過ごそう。
10	Sun.		昔の問題が再燃しそう。きちんと向き合って解決を。
11	Mon.		あなたのことを本当に思ってくれる友達を大切に。
12	Tue.	不成就日	感謝の気持ちをもって過ごせば心が温かくなりそう。
13	Wed.		裏目に出やすい日。親しい間柄でもお節介はNG。
14	Thu.		無理は禁物。調子が悪いならゆっくり休んで。
15	Fri.		失いたくないものがあるなら、守るための努力を。

16 Sat.		将来の健康のために、体質改善に取り組もう。
17 Sun. 二の酉	一粒万倍日	仲間と気持ちを１つにすれば、絆が深まるはず。
18 Mon.	一粒万倍日	考えは違って当たり前。否定せずに、認めよう。
19 Tue.		体にいい食べ物をとって、元気をチャージして。
20 Wed.	不成就日	家族との時間の中に、小さな幸せを探してみよう。
21 Thu.		楽しむのもいいけれど、調子にのりすぎないで。
22 Fri.		過去の関係を見直すとき。未練を捨て未来を見よう。
23 Sat.		貯金を始めるといい日。お金に詳しい人に相談も◎。
24 Sun.		偉そうな態度にならないよう、謙虚さを心がけて。
25 Mon.		相手の欠点を指摘する前に、自分のことを見直そう。
26 Tue.		周りの問題に巻き込まれても、見守るスタンスで。
27 Wed.		疲れが溜まっているかも。今日は自分を優先しよう。
28 Thu.	不成就日	運動で汗を流そう。気持ちがリセットされ好運に。
29 Fri. 三の酉	一粒万倍日	家で過ごすより、仲間や友達と遊びに行くと吉。
30 Sat.	一粒万倍日	無理せず体の声に従って。しっかり休むことも大切。

新月 上弦 満月 下弦

2024 12 December 努力が報われる月

毎日の運気をチェック!

DATE			
1	Sun.	●	急な用が入るかも。余裕をもって行動しよう。
2	Mon.		何事も思い通りに進んで満足できる1日になりそう。
3	Tue.		気が散りがちな日。大事な仕事から片付けて。
4	Wed.		昔の友達に連絡すると、思わぬ縁につながる日。
5	Thu.	不成就日	お世話になった人には、目に見える形で恩返しを。
6	Fri.		大きな成果が出て、1年の努力が報われる予感。
7	Sat.		積極的になるより、受け身でいる方がよさそう。
8	Sun.		目立ちすぎると妬まれるかも。今日は一歩引いた態度で。
9	Mon.	◐	溜まった肌の汚れを洗い流して、運も気分もアップ。
10	Tue.		柔軟に考えたり、遊び心を取り入れるとスムーズに。
11	Wed.		初対面の人にも話しかけよう。視野を広げると吉。
12	Thu.		いい贈り物を見つけたら、すぐに注文しておくと◎。
13	Fri.	一粒万倍日 不成就日	体調を崩さないためにも、足腰を意識的に温めて。
14	Sat.	一粒万倍日	身近な人からうれしい報告が。すぐお祝いを考えよう。
15	Sun.	○	物忘れに注意。週明けにやることを整理すること。

16	Mon.		離れている家族に連絡を。声だけで心が安らぐはず。
17	Tue.		忙しい年末は栄養豊富なランチで元気を補給！
18	Wed.		周りからのサポートに涙。お礼はきちんと伝えよう。
19	Thu.		焦らず慎重に進めよう。ミスなく終えられるはず。
20	Fri.		自分が前に出るよりも、縁の下の力持ち役がベター。
21 冬至	Sat.	不成就日	予想外の展開が。別のプランを用意しておこう。
22	Sun.		受け身は×。積極的なアプローチでうれしい展開に。
23 ◐	Mon.		おしゃれな同僚を観察。新しいコーデに挑戦して。
24	Tue.		願いが叶いそうな日。素直にアピールしてみよう。
25	Wed.	一粒万倍日	疲れがドッと出そう。デートはまったりプランが◎。
26	Thu.	天赦日 一粒万倍日	職場の掃除を積極的に行うとさらに運気アップ！
27	Fri.		焦らず落ち着いて取り組めば、順調に進むはず。
28	Sat.		新年を迎える前に、今年やり残したことを片付けて。
29	Sun.	不成就日	1年頑張った自分にご褒美を考えてみよう。
30	Mon.		大掃除も家族と一緒に。絆も深まって運気アップ。
31 ● 大晦日	Tue.		空回りしやすい日。大晦日はのんびり過ごして。

●新月 ◐上弦 ○満月 ◑下弦

OTHER PROFILE

他の天星のプロフィール

天星は全部で12タイプ。
自分以外の天星についても知って、
人付き合いに役立ててくださいね。

Profile

載っていること

基本性格

各天星のトリセツ

2024年の開運のカギ

開運色・アイテム・スポット

2024年の開運相性

その星から見た基本の相性

MOON

柔らかな愛と
“繊細な光のエネルギー”をもつ

月
グループ

バランス感覚と
“自然な光のエネルギー”をもつ

地球
グループ

EARTH

秘めたパワーと
“情熱の光のエネルギー”をもつ

太陽
グループ

SUN

満月

情にあふれたロマンチスト

基本性格

想像力が豊かで温かい心をもったロマンチストな反面、冷静で現実主義的に考える面ももち合わせているタイプ。周囲の人を気遣い、困っている人を放っておけない優しさがあるため、知らないうちに気疲れしてしまいがちです。安心してのんびりできる居場所を用意して、自分を癒すことも大切に。

満月のトリセツ

⬆好きなこと・喜ぶこと

- 温泉にゆったり浸かる
- サプライズ(する、される)
- 喜んでくれる人、素直な人
- 好きなだけ寝ること
- 趣味や遊びの共有
- 優しい言葉をかけられる

⬇嫌がること・ストレスになること

- 余裕がない状況
- 不安や心配を抱え込む
- 競争、戦い
- 無視や仲間はずれ
- 威圧的な態度
- 否定的な人、無神経な人

2024年の開運のカギ

やるといいこと	生活に運動や筋トレを取り入れる
気をつけるべきこと	オン・オフの切り替え、自律神経を整える

2024年の開運相性

恋愛運を上げる天星	仕事運をのばす天星	金運をのばす天星
満月 × 上弦の月	満月 × 満月	満月 × 夕焼け

基本の開運色
紫

2024年の開運色
ミントグリーン

2024年の開運アイテム
手帳型スマホケース

2024年の開運スポット
フラワーパーク

天星タイプ別 基本の相性

満月 × 満月 ★★★★★	満月 × 大陸 ★★★☆☆
満月 × 上弦の月 ★★★★★	満月 × 海 ★☆☆☆☆
満月 × 下弦の月 ★★★★☆	満月 × 朝日 ★★☆☆☆
満月 × 新月 ★★★★☆	満月 × 真昼 ★★★★☆
満月 × 空 ★★★☆☆	満月 × 夕焼け ★★★★☆
満月 × 山脈 ★★★☆☆	満月 × 深夜 ★☆☆☆☆

上弦の月

無邪気で警戒心の強い癒し系

基本性格

美的感覚が鋭く、慎重そうに見えて直感型のタイプ。警戒心は強いですが根が純粋なので、いい人だなと感じるとすぐ信じてしまうことも。仲がいいと無意識のうちにわがままになりやすく、愛が感じられないと不安定になる一面も。自分を認めてくれ、安らぎをくれる人といることが開運につながります。

上弦の月のトリセツ

⬆好きなこと・喜ぶこと

- 好きな人と過ごすこと
- 優しく気遣われること
- お姫様、王子様扱い
- 安心できる場所や人
- すぐ返信、すぐ対応
- 親しい人との飲み

⬇嫌がること・ストレスになること

- 放置される、既読スルー
- 頑張りを評価されないこと
- 人と比べられること
- 突然のお誘い
- アウェイな場所
- 思い通りにいかない環境

2024年の開運のカギ

やるといいこと	好きなことに没頭する
気をつけるべきこと	胃の不調。休息をしっかりとる

2024年の開運相性

恋愛運を上げる天星	仕事運をのばす天星	金運をのばす天星
上弦の月 × 満月	上弦の月 × 真昼	上弦の月 × 空

基本の開運色
白

2024年の開運色
トマトレッド

2024年の開運アイテム
パワーストーン

2024年の開運スポット
水がキレイな場所

天星タイプ別 基本の相性

上弦の月 × 満月 ★★★★★	上弦の月 × 大陸 ★★★☆☆
上弦の月 × 上弦の月 ★★★★☆	上弦の月 × 海 ★★★★☆
上弦の月 × 下弦の月 ★☆☆☆☆	上弦の月 × 朝日 ★★★★☆
上弦の月 × 新月 ★★☆☆☆	上弦の月 × 真昼 ★★★★☆
上弦の月 × 空 ★★☆☆☆	上弦の月 × 夕焼け ★★★★☆
上弦の月 × 山脈 ★★☆☆☆	上弦の月 × 深夜 ★★☆☆☆

下弦の月

ノリで勝負な愛嬌の達人

基本性格

好奇心旺盛で大器晩成型の気質をもち、出世するタイプ。仲よくなると気さくで、興味があることであれば臨機応変に対応できるなど順応性は高め。ただし飽きっぽくて集中力のないところがあり、興味のない話は聞いている風。根は明るく少し抜けている天然タイプですが、そこが大きな魅力です。

下弦の月のトリセツ

⬆好きなこと・喜ぶこと

・好きな人たちからの応援	・家族にほめられること
・可能性を広げてくれる人	・無添加や体によいもの
・一流に触れること	・自分を尊重してくれる人

⬇嫌がること・ストレスになること

・否定されること	・間違いを正されること
・忘れないでと強制される	・孤独感
・「好き」を共感されない	・責任を問われること

2024年の開運のカギ

やるといいこと　責任をもって何事も最後までやり抜く

気をつけるべきこと　キツイ口調や上辺だけの返事

2024年の開運相性

恋愛運を上げる天星	仕事運をのばす天星	金運をのばす天星
下弦の月 × **空**	下弦の月 × **大陸**	下弦の月 × **真昼**

基本の開運色
黄色

2024年の開運色
ピンクベージュ

2024年の開運アイテム
財布

2024年の開運スポット
神社仏閣

天星タイプ別 基本の相性

組み合わせ	相性	組み合わせ	相性
下弦の月 × 満月	★★☆☆☆	下弦の月 × 大陸	★★★★★
下弦の月 × 上弦の月	★★★★☆	下弦の月 × 海	★★★★☆
下弦の月 × 下弦の月	★★★☆☆	下弦の月 × 朝日	★☆☆☆☆
下弦の月 × 新月	★☆☆☆☆	下弦の月 × 真昼	★★★☆☆
下弦の月 × 空	★★★★☆	下弦の月 × 夕焼け	★★★★☆
下弦の月 × 山脈	★★★☆☆	下弦の月 × 深夜	★★★★★

新月

想像力が豊かな寂しがり屋

基本性格

想像力が豊かでクリエイティブな発想に優れています。芸術的センスも抜群。本心を隠す傾向があり、警戒心が強い反面、本質は寂しがり屋です。心を許せる相手には本当の自分をさらけ出すことができます。自分の信念をもち、知識や能力を高めることに集中するといい方向にいくでしょう。

新月のトリセツ

⬆好きなこと・喜ぶこと

- マメな連絡、情報の共有
- 記念日を大切にすること
- 真剣な話し合い
- 気にかけてくれる人
- 好きなものを写真に収める
- 自分の考えに寄り添う人

⬇嫌がること・ストレスになること

- いい加減な態度
- 既読スルー
- 苦しみを分かち合えない
- 場を乱す人
- SOSを見過ごされる
- ひとりぼっちにされる

2024年の開運のカギ

やるといいこと 感動体験やワクワクすることをしてみる

気をつけるべきこと 自信をなくさない

2024年の開運相性

恋愛運を上げる天星	仕事運をのばす天星	金運をのばす天星
新月×**深夜**	新月×**夕焼け**	新月×**朝日**

基本の開運色
銀色

2024年の開運色
エメラルドグリーン

2024年の開運アイテム
ピンキーリング

2024年の開運スポット
星空がキレイな場所

天星タイプ別 基本の相性

新月×満月 ★★★★☆	新月×大陸 ★★★☆☆
新月×上弦の月 ★★★★☆	新月×海 ★★★★☆
新月×下弦の月 ★★☆☆☆	新月×朝日 ★★★★★
新月×新月 ★☆☆☆☆	新月×真昼 ★★★★☆
新月×空 ★★★★☆	新月×夕焼け ★☆☆☆☆
新月×山脈 ★★☆☆☆	新月×深夜 ★★★★☆

空

包容力豊かな頑張り屋さん

基本性格

面白そうなことが大好きで、寛大な心のもち主。面倒見がよく困っている人を放っておけず、つい張り切ってしまうタイプ。自分に自信がないため人と比べ落ち込むと愚痴が多めに。どこか抜けていてツメが甘い面がある一方、仕事と恋愛の両立も得意な頼れるマルチプレーヤー。見栄っ張りで身内に冷たくなる傾向も。

空のトリセツ

⬆好きなこと・喜ぶこと

- いきつけの場所に行く
- 手土産（もらう、あげる）
- 気の合う人と食事＆談笑
- 自慢できる環境
- 満足感がある買い物
- お茶の時間

⬇嫌がること・ストレスになること

- 注意されること
- プライドを傷つけられる
- 仕事を邪魔される
- 異性関係に口出しされる
- すぐに対応しない人
- 待たされること

2024年の開運のカギ

やるといいこと	食のバランスを大切にし、欲を制御
気をつけるべきこと	体の不調のサインを見過ごさない

2024年の開運相性

恋愛運を上げる天星	仕事運をのばす天星	金運をのばす天星
空×下弦の月	空×朝日	空×上弦の月

基本の開運色
水色

2024年の開運色
白

2024年の開運アイテム
キーケース

2024年の開運スポット
レトロな喫茶店

天星タイプ別 基本の相性

空×満月	★★★☆☆	空×大陸	★★☆☆☆
空×上弦の月	★★★★☆	空×海	★★★★☆
空×下弦の月	★★★★☆	空×朝日	★★☆☆☆
空×新月	★★☆☆☆	空×真昼	★★★★☆
空×空	★★★★★	空×夕焼け	★★☆☆☆
空×山脈	★★★★☆	空×深夜	★★★★★

山脈

平和主義なお茶目さん

基本性格

1つひとつ着実に自信をつけ、協調性を重んじる安定志向タイプ。興味をもてない人付き合いは面倒に思いがちですが、周りを和ませる愛嬌があり、実は幅広い交友関係を築ける社交性を隠しもっています。ドライなリアリストで論理的な面も。ほめられたり、認められることで大きく成長します。

山脈のトリセツ

⬆好きなこと・喜ぶこと

- 自然なほめまくり攻撃
- 自分の目標をクリア!
- 自分のペースで進行
- お得を感じること
- 趣味に没頭できること
- レアな物、価値がある物

⬇嫌がること・ストレスになること

- 面倒くさいこと
- 自分に無関係な話
- 効率が悪いこと
- タスクが終わらない状況
- 騒がしい場所や大きな音
- 非常識なこと

2024年の開運のカギ

やるといいこと	1人の時間やリフレッシュを大切に
気をつけるべきこと	自分にも人にも厳しくしない

2024年の開運相性

恋愛運を上げる天星
山脈 × **海**

仕事運をのばす天星
山脈 × **山脈**

金運をのばす天星
山脈 × **大陸**

基本の開運色
緑

2024年の開運色
黄色

2024年の開運アイテム
トートバッグ

2024年の開運スポット
緑が多く静かな場所

天星タイプ別 基本の相性

山脈 × 満月 ★★★☆☆	山脈 × 大陸 ★★☆☆☆
山脈 × 上弦の月 ★★☆☆☆	山脈 × 海 ★★★☆☆
山脈 × 下弦の月 ★★★★★	山脈 × 朝日 ★★★★☆
山脈 × 新月 ★☆☆☆☆	山脈 × 真昼 ★☆☆☆☆
山脈 × 空 ★★★★☆	山脈 × 夕焼け ★★★☆☆
山脈 × 山脈 ★★★★☆	山脈 × 深夜 ★★★☆☆

大陸

冷静沈着な感性先取りタイプ

基本性格

才能豊かで独自のセンスのもち主。穏やかに見えて正義感が強く、決断が早く勝気なところも。情にもろく義理堅い面もあり、一旦やると決めたらやり抜く責任感の強い人です。実は慎重で小心者なので無意識のうちに自分を守ろうとしますが、親しい人の間では可愛いムードメーカーになるタイプです。

大陸のトリセツ

⬆好きなこと・喜ぶこと

- 憧れ、尊敬されること
- 成功すること
- すべて把握できる環境
- 自分が1番の状況
- 時間配分通りに進むこと
- ストレス解消の買い物

⬇嫌がること・ストレスになること

- バカにされること
- 口だけの人
- 手柄を奪われること
- 自分から折れること
- 弱い面を見破られること
- 服装やセンスへの口出し

2024年の開運のカギ

やるといいこと	“笑い”を大切にしてみる
気をつけるべきこと	すべて1人で抱え込まない

2024年の開運相性

恋愛運を上げる天星
大陸 × 夕焼け

仕事運をのばす天星
大陸 × 下弦の月

金運をのばす天星
大陸 × 山脈

基本の開運色
赤

2024年の開運色
シルバー

2024年の開運アイテム
ネイル ハンドクリーム

2024年の開運スポット
湧き水がおいしい所

天星タイプ別 基本の相性

大陸 × 満月	★★★☆☆	大陸 × 大陸	★★★☆☆
大陸 × 上弦の月	★★★★☆	大陸 × 海	★★★★☆
大陸 × 下弦の月	★★★☆☆	大陸 × 朝日	★★★★★
大陸 × 新月	★★☆☆☆	大陸 × 真昼	★☆☆☆☆
大陸 × 空	★★★★☆	大陸 × 夕焼け	★★★★☆
大陸 × 山脈	★★☆☆☆	大陸 × 深夜	★★★☆☆

海

二面性を隠しもった完璧主義者

基本性格

広く穏やかな海のように優しい雰囲気をもつ反面、完璧主義で深い海のように底知れぬ野心を隠しもっているタイプ。奥深くには、自分を守る強力な保護があり、自分軸が強め。人を信用するまで時間がかかります。自分でも自覚できていない思い込みや思考の癖をもつ実は頑固な人。本音を語らず、少々ドライな一面もあります。

海のトリセツ

⬆好きなこと・喜ぶこと

- 特別扱いされること
- 若く見られほめられること
- 丁寧にお礼を言われる
- ツボを押さえたほめ言葉
- 理解してもらえること
- 秘密を共有した優位な状況

⬇嫌がること・ストレスになること

- 自分のルールを変えること
- 人前で怒られること
- 自分をさらけ出すこと
- 短所を指摘してくる人
- 土足で踏み込まれること
- 思い通りにならないこと

2024年の開運のカギ

やるといいこと	謙虚な気持ちで心からの感謝をする
気をつけるべきこと	自分の固定観念に捉われない

2024年の開運相性

恋愛運を上げる天星
海 × 真昼

仕事運をのばす天星
海 × 深夜

金運をのばす天星
海 × 朝日

基本の開運色
青

2024年の開運色
オレンジ

2024年の開運アイテム
ゴールドピアス イヤリング

2024年の開運スポット
動物がいる場所

天星タイプ別 基本の相性

海 × 満月	★★☆☆☆	海 × 大陸	★★★☆☆
海 × 上弦の月	★☆☆☆☆	海 × 海	★☆☆☆☆
海 × 下弦の月	★★★☆☆	海 × 朝日	★★★☆☆
海 × 新月	★★☆☆☆	海 × 真昼	★★★☆☆
海 × 空	★★★★☆	海 × 夕焼け	★☆☆☆☆
海 × 山脈	★★★★☆	海 × 深夜	★★★★★

真昼

自由主義な行動派

基本性格

穏やかそうに見えますが、物事を先取りする直感やスピード感があり、考えるより先に行動する人。好き嫌いをハッキリと主張し、何事にも直球で短期決戦を好みます。いったん相手を信頼すると急激に距離を縮め、友達の輪をどんどん広げるなど、人との縁で自分を発展させられるタイプです。

真昼のトリセツ

⬆好きなこと・喜ぶこと

- 冒険や海外旅行
- 「さすが!」という言葉
- ベタなセリフ
- 自分に従ってくれる
- 高級品やブランド
- 努力する自分

⬇嫌がること・ストレスになること

- 自分のペースを崩される
- 待たされること
- 長期戦
- 優柔不断な人
- 細かく聞いてくる人
- 予定を把握されること

2024年の開運のカギ

やるといいこと	日常に運動を取り入れた健康な体づくり
気をつけるべきこと	感情的にならない。戦わない

2024年の開運相性

恋愛運を上げる天星	仕事運をのばす天星	金運をのばす天星
真昼 × 海	真昼 × 上弦の月	真昼 × 下弦の月

基本の開運色
橙色

2024年の開運色
茶色

2024年の開運アイテム
メガネ サングラス

2024年の開運スポット
鳥の鳴き声が聞こえる場所

天星タイプ別 基本の相性

真昼 × 満月	★★☆☆☆	真昼 × 大陸	★★☆☆☆
真昼 × 上弦の月	★★★★☆	真昼 × 海	★★★☆☆
真昼 × 下弦の月	★★★☆☆	真昼 × 朝日	★★★★☆
真昼 × 新月	★★★☆☆	真昼 × 真昼	★☆☆☆☆
真昼 × 空	★★★★★	真昼 × 夕焼け	★★☆☆☆
真昼 × 山脈	★★★★☆	真昼 × 深夜	★★☆☆☆

夕焼け

悠然としている頑張り屋さん

基本性格

強い信念をもち、一度目標を決めると秘めたパワーで突き進み、頑張る姿を人に見せたがらない、コツコツマイペースな陰の努力家です。壁があるように見えますが、意外と単純。要領がよく、根拠のない自信をもち合わせています。思考は論理的。実は打たれ弱く、少し短気な面も。好き嫌いがわかりやすい人です。

夕焼けのトリセツ

⬆好きなこと・喜ぶこと

- 包容力のある人に包まれる
- 得意なことをほめられる
- 過去の栄光への称賛
- 自分を好きな仲間といる
- 刺激を得ること
- マッサージ

⬇嫌がること・ストレスになること

- バカにされること
- 高圧的な態度や発言
- 自分を否定する人
- 不安にさせる言葉
- パーソナルスペースに入られること
- ダメ出し

2024年の開運のカギ

やるといいこと	家の中を整理し居心地のよい空間に
気をつけるべきこと	連絡は即レスを心がけ、溜めない

2024年の開運相性

恋愛運を上げる天星	仕事運をのばす天星	金運をのばす天星
夕焼け × 大陸	夕焼け × 新月	夕焼け × 満月

基本の開運色
桜色

2024年の開運色
紫

2024年の開運アイテム
お香

2024年の開運スポット
懐かしさを感じる場所

天星タイプ別 基本の相性

夕焼け × 満月 ★★★☆☆	夕焼け × 大陸 ★★★★☆
夕焼け × 上弦の月 ★★☆☆☆	夕焼け × 海 ★★★★☆
夕焼け × 下弦の月 ★★★☆☆	夕焼け × 朝日 ★★☆☆☆
夕焼け × 新月 ★☆☆☆☆	夕焼け × 真昼 ★★☆☆☆
夕焼け × 空 ★★☆☆☆	夕焼け × 夕焼け ★★★★☆
夕焼け × 山脈 ★★★★☆	夕焼け × 深夜 ★★★★★

深夜

束縛を嫌う個性豊かな変わり者

基本性格

独特の感性や個性をもち、不思議な雰囲気をまとっています。自分のペースや世界を大切にし、我が道を進むタイプで、本当に好きなことは納得いくまでレベルを上げる頑張り屋。意地っ張りな面もあり、なかなか本心を伝えることができませんが、理解してくれる相手には深い愛情を注ぎます。

深夜のトリセツ

⬆好きなこと・喜ぶこと

- 自分だけの時間と空間
- パワースポット巡りの旅
- 楽しい毎日を送ること
- 本能に従って生きること
- うまく立ててもらうこと
- 休息をとること

⬇嫌がること・ストレスになること

- 根掘り葉掘り聞かれること
- 無駄なこと
- 状況を説明すること
- 偉そうな態度や人
- 束縛されること
- やりたいことを阻まれる

2024年の開運のカギ

やるといいこと	やりたいことリストを作る
気をつけるべきこと	紛失注意。データはバックアップを

2024年の開運相性

恋愛運を上げる天星	仕事運をのばす天星	金運をのばす天星
深夜×新月	深夜×深夜	深夜×海

基本の開運色
茶色

2024年の開運色
緑

2024年の開運アイテム
ブレスレット

2024年の開運スポット
温泉地

天星タイプ別 基本の相性

深夜×満月 ★★☆☆☆	深夜×大陸 ★★★☆☆
深夜×上弦の月 ★★★★☆	深夜×海 ★★★☆☆
深夜×下弦の月 ★★★★★	深夜×朝日 ★★★★☆
深夜×新月 ★★☆☆☆	深夜×真昼 ★☆☆☆☆
深夜×空 ★★★☆☆	深夜×夕焼け ★★★☆☆
深夜×山脈 ★★★★☆	深夜×深夜 ★★★☆☆

★★★ 天星別 特徴

誘惑に弱い天星ベスト3

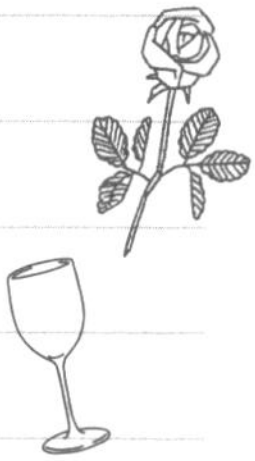

★1位★
空
誘惑したりされたり、流されやすく、ミーハー気質で、欲に負けやすい傾向あり。

★2位★
大陸
情にもろく、押しにも弱め。基本的には好きな人としか一緒にいたくないタイプ。

★3位★
上弦の月・山脈
錯覚が入りやすく騙されやすい上弦の月と、楽しくなるとワクワクが止められない山脈。

考えすぎてしまう天星ベスト3

★1位★
満月
自分に自信がなく、実は気にしい。大丈夫かどうか些細な言動に敏感に反応し、スローダウン。

★2位★
上弦の月
一度気になると、解決するまでモヤモヤ考え、こんがらがって、我慢しすぎて体調ダウン。

★3位★
新月・真昼・深夜
妄想モードで心が弱りやすい新月。考える方向がズレやすい真昼。生きづらさを感じる深夜。

RANKING

ケチな天星ベスト3

★1位★
山脈
節約家で貯金が趣味。人にはお金を使いたくないが、自分の欲しいものには投資。

★2位★
深夜
合理性を考えて基本ワリカン。誰かのために使う概念はないが、自分に利があるなら惜しみなく使う。

★3位★
夕焼け
お金には細かく現実的。損得勘定が敏感に働く。自分のためだと金銭感覚が疎くなりがち。

ランキング ★★★

人を信用しない天星ベスト3

★1位★
海
基本的に自分を守る。人は全員嘘つき、裏切ると過去の経験から決めつけていて、警戒している。

★2位★
新月
直感でピンとこなければ心を開かない。相手を警戒し、いろんな角度から探る。会話する時間次第。

★3位★
下弦の月・大陸
どちらも人は好き。上辺を合わせじっくり吟味する下弦の月。熱く語り価値観の一致で深まる大陸。

不安にさせてはいけない天星ベスト3

★1位★
新月
ネガティブスイッチあり。実はカマチョさんタイプ。何もかも嫌になると、殻に閉じこもる傾向が。

★2位★
夕焼け
強がっていても実は心配性。常に不安あり。空回りすると余裕がなくなり不満爆発。

★3位★
上弦の月・下弦の月
安心しないと落ち着かない上弦の月。不安から不満になりシャットダウンして逃げたくなる下弦の月。

見栄っ張りな天星ベスト3

★1位★
朝日
ついつい大人のふりをしてカッコつけがち。余裕がなくても後輩には自分のおかげだと演出。

★2位★
空
自分をよく見せるために無意識に取り繕ってしまい、持ち物や人脈でもちょっと自慢しがち。

★3位★
下弦の月・真昼
憧れられたい下弦の月、先取りしすぎな真昼、どちらも高級や一流といったステータスに弱め。

EPILOGUE

★ おわりに ★

最後まで読んでいただき、ありがとうございます。

今年、今月、今日
“今”がどんな流れ《リズム》なのかを描いた

—天星術第四ステージ—
『星ひとみの天星術2024』いかがでしたでしょうか。

天星、天星ナンバー、様々な性質
沢山の星と、光と影。

本書を通じて、今この瞬間を知る。

自分の知らない側面に気づいたならば
すべてはチャンスに変わります。

『運命は変えられる』
私はそう信じています。

今の自分はどんな流れにあるのか
今は何をするのがベストなのか。

「天星術」を知り、運気のリズムに乗れば、あなたが描いた未来に
たくさんの笑顔が舞い込んできます。

2024年という1年、そしてこの1日を、
どう過ごしていこうかと悩んだとき、
迷ったときに、そっと開き参考にしてみてください。

「天星術占い、それは人生の道しるべ」

影の時期でも大丈夫。
決して怖がらず、
間違えたっていいんです。
間違えたからこそ見える世界もある。

雨が降るなら傘を持って
雪が降るなら装備ができる
あなたの歩む道のり
どんな地図も描いてゆけます。

今年1年の
あなたの人生に訪れる“光と影”。
本書から読みとり、どう感じ、どう捉えるか。

どんな瞬間も、
たとえ今見える景色がどんな世界でも、
あなたが生きているこの1秒は
これからの人生で一度しか見られない景色となる。

EPILOGUE

運気は、世界は、刻々と変わっていきます。
限られた生命、限られた時間。

あなたは
誰と過ごしたいですか?
何をしたいですか?

できることならば、皆様一人ひとりにお会いしたい気持ちですが
私が今、皆様のためにできることは何か
できる限りのエネルギーを皆様に届けられるように

たくさんの方々に光が届くように願いを込め、
各天星、天星ナンバーごと、赤白と一人ひとりの皆様に、
さらに深く届くよう、
細かく書かせていただきました。

本書を通じて、少しでも皆様の
お手伝いができたのなら幸いです。

ゆっくり深呼吸し
心を落ち着かせて。

小さな光を感じられるように
今あるすべてに感謝を。

あなたは幸せになれる人。

2024年

もう一度自分を信じ
もう一度幸せの選択を。

「天星術」

いつも心のそばに。
今年もあなたのお守りに。

皆様が少しでも素晴らしい1年を送れるよう
お祈りいたします。

あなたは“大丈夫”

それではまたお会いしましょう。

2023年 10月吉日　星ひとみ

STAFF

編集協力
高橋尚子
[KWC]
安井桃子、杉本真理、長谷和希子、
阿部雅美、梶原知恵、西島 恵

アートディレクション
松浦周作
[mashroom design]

ブックデザイン
石澤 縁
[mashroom design]

イラスト
miya

企画協力
中込圭介
[Gオフィス]

Star Eyes

本書カレンダー記載の祝日・休日は2023年10月現在のものです。
法律の改正等により変更になる場合があります。

PROFILE

星ひとみ

（ほし・ひとみ）

占い師。巫女の血筋をもつ家系に生まれる。東洋占星術や統計学、心理学などをもとにしたオリジナル運勢鑑定法「天星術」の開祖である。生まれながらの力と経験による知識から導き出す鑑定は圧倒的な的中率で人気を集め、各界に多くのファンをもつ。著書に『星ひとみの天星術』（小社）、『星ひとみの天星術超図鑑』『運気を金にする　幸せ上手さん習慣GOLD』（ともに小学館）などがある。

星ひとみオフィシャルブログ「Star Eye's」

星ひとみInstagram

@hoshi_hitomi722

星ひとみ事務局Instagram

@hoshi_hitomi_staff

StarEyes×YAMASAN

星ひとみの天星術2024
朝日〈太陽グループ〉

2023年10月25日　第1刷発行

著者　星ひとみ
発行人　見城 徹
編集人　菊地朱雅子
編集者　有馬大樹　三宅花奈　茂木 梓

GENTOSHA

発行所　株式会社 幻冬舎
〒151-0051
東京都渋谷区千駄ヶ谷4-9-7
電話 03(5411)6211[編集]
03(5411)6222[営業]

公式HP https://www.gentosha.co.jp/

印刷・製本所　中央精版印刷株式会社

Printed in Japan
ISBN978-4-344-04180-6 C0095

この本に関するご意見・ご感想は、
下記アンケートフォームからお寄せください。
https://www.gentosha.co.jp/e/